Christoph Schneider

25 JAHRE WEIHNACHTSMARKT - EIN GLÜHWEINVERKÄUFER ERZÄHLT

 tredition®

© 2019 Christoph Schneider
Gestaltung, Illustrationen: Emil Smejkal
1. Auflage November 2019

Verlag & Druck: tredition GmbH, Halenreie 40-44, 22359 Hamburg
ISBN 978-3-7497-7345-9

Christoph Schneider

25 JAHRE WEIHNACHTSMARKT - EIN GLÜHWEINVERKÄUFER ERZÄHLT

25 Jahre auf dem Weihnachtsmarkt

Vorwort

Nach dem Abitur 1959 absolvierte ich ein Lehramtsstudium der Fächer Physik, Chemie und Biologie an der Technischen Hochschule Karlsruhe, welches ich 1967 mit der wissenschaftlichen und 1969 mit der pädagogischen Prüfung beendete. Anschließend war ich als Lehrer am Boxberg-Gymnasium in Heidelberg, zuletzt als Studiendirektor, tätig.

Hier begegnete ich Christoph Schneider zum ersten Mal. Er besuchte unter anderem meinen Physikunterricht. Über meinen Sohn, der auch das Heidelberger Gymnasium besuchte, lernte ich ihn besser kennen. In diese Zeit fielen auch meine ersten Kontakte nach Brasilien. Ein Schüleraustausch beschäftigte Kollegium und Schulleitung. Aus verschiedenen Gründen konnte jedoch Christoph an dem Projekt nicht teilnehmen. Aber einige Episoden des Buches zeigen, wie sehr ihn dieses Land und der südamerikanische Kontinent geprägt haben. Es waren wichtige Etappen auf dem Weg zum Heidelberger Weihnachtsmarkt und zum Heidelberger Weihnachtsmarkt Glühwein.

Im Januar 1991 wurde ich als Parlamentarischer Staatssekretär beim Bundesminister für Umwelt, Naturschutz und Reaktorsicherheit in die von Bundeskanzler Helmut Kohl geführte Bundesregierung berufen. Schon am 18. Dezember 1991 wechselte ich als Staatsminister beim Bundeskanzler in das Bundeskanzleramt. Hier war ich für die Koordination der deutschen Geheimdienste, Bundesamt für Verfassungsschutz, Bundesnachrichtendienst und Militärischer Abschirmdienst, zuständig.

Eine kleine Begegnung gab es dann beim Besuch des französischen Staatspräsidenten François Mitterrand und Bundeskanzler Helmut Kohl in der Heidelberger Altstadt, wo ich die Staatsmänner begleitete. Wir gingen auch beim „Café do Brasil" vorbei. Es war genau der Moment, als die Idee vom Heidelberger Weihnachtsmarkt Glühwein geboren wurde.

Christoph Schneider sieht diesen Wein mit den verschiedenen Sorten und die damit verbundenen Begegnungen als Symbol des Friedens. Deshalb war es mir wichtig, diesen Weg aus der Ferne zu begleiten und immer wieder Ansprechpartner zu sein.

Jedes einzelne Kapitel des Buches spricht eine eigene Sprache. Die verschiedenen Reisen, Stationen und zahlreichen Begegnungen mit unterschiedlichen Menschen haben Christoph Schneider geprägt. Seine Verbundenheit zur Region Heidelberg ist dennoch eine Wurzel, die immer wieder die Pflanze genährt hat und einen besonderen Baum wachsen ließ.

Ich wünsche Christoph Schneider von ganzem Herzen ein gutes Gelingen und noch viele weitere wichtige Begegnungen in seinem internationalen Projekt „Deutsch-Russischer Weihnachtsmarkt in der Russischen Föderation."

Auch bin ich mir sicher, dass seine neue Weihnachtsmarktattraktion auf dem Marktplatz „Das Heidelberger Glühwein Schloss" nicht nur die Heidelberger begeistern wird, sondern alle Heidelberger Weihnachtsmarktbesucher aus nah und fern.

Die Verbundenheit über die Jahre hinweg haben mich bewegt, dieses Vorwort zu schreiben.

Ich wünsche den Lesern viel Spaß bei der Lektüre.

Bernd Schmidbauer / Staatsminister beim Bundeskanzler a.D., Oktober 2019

Widmung

Alt Heidelberg, du feine,
Du Stadt an Ehren reich,
Am Neckar und am Rheine
Kein' andre kommt dir gleich.

Stadt fröhlicher Gesellen,
An Weisheit schwer und Wein,
Klar ziehn des Stromes Wellen,
Blauäuglein blitzen drein.
Blauäuglein blitzen drein.

Joseph Victor von Scheffel

Gewidmet allen Heidelberger Weihnachtsmarktbesuchern, meinen nationalen und internationalen Stammgästen, meinem Sohn Julien und meinen beiden Enkelkindern Lilou und Enzo.

Inhalt

Einleitung

Ich habe lange darüber nachgedacht. Wann schreibe ich ein Buch über mein Leben vor und mit dem Heidelberger Weihnachtsmarkt Glühwein? Und vor allem: Was ist der Sinn? Und noch viel wichtiger: Wann bringe ich das Buch heraus? Die Erlebnisse der letzten Jahrzehnte in der „Feinen", bei den vielen Reisen durch Russland, die Ukraine, Polen, Südamerika, Japan, ja, es waren noch viel mehr Länder, brachten viele Erfahrungen mit sich, die auf Papier gebracht werden mussten.

Ich brauchte die Muße und die Zeit, um das Erlebte, das mit so vielen Begegnungen verbunden ist, niederzuschreiben.

Wenn Sie dieses Büchlein in den Händen halten, werden Sie überlegen: Was will denn der SCHNEIDER damit bezwecken?

Ja, in erster Linie ist es ein Dankeschön an all diejenigen, die mein Leben bis dato begleitet haben. Sie werden die wichtigsten von ihnen in diesem Buch kennenlernen.

Da ist der Weg zum Heidelberger Weihnachtsmarkt Glühwein, meine Erfahrungen in Schwetzingen, wo ich aufgewachsen bin. Da ist der Weg nach Heidelberg zum Café do Brasil. Da sind die Begegnungen mit Steffi Graf, Christo, Richard Dreyfuss und Thomas Gottschalk, um nur wenige zu Beginn zu nennen. Und dann ist da die erste Hütte auf dem Weihnachtsmarkt mit meinen ersten Events in der Region.

Immer wieder neue kreative Ideen setzten den Weg fort.

Und dann hinein in die Gegenwart, die Planung des Deutsch-Russischen Weihnachtsmarktes mit Besuchen in Berlin, Moskau, St. Petersburg, Simferopol und Kaliningrad.

Die Entwicklung meiner neuen Attraktion, die 2019 den Marktplatz bespielen wird: eine Hütte mit einem original nachgebauten Heidelberger Schloss. Es ist die tiefste Begegnung mit meiner Heimat und läutet eine neue Ära für mich ein.

Die Gliederung ist wohl überlegt. Das Buch entstand in Berlin, Stettin, im Kloster Götschendorf, in Frankfurt und in Heidelberg.

Ich denke, das Plaudern aus dem Nähkästchen lohnt sich als Lektüre, nicht nur daheim, sondern auch bei der Präsentation des Heidelberger Weihnachtsmarkt Glühweins an meiner neuen Schloss-Hütte.

Seien Sie herzlich willkommen an meinem neuen Heidelberger Glühwein Schloss auf dem Heidelberger Marktplatz.

Christoph Schneider, Oktober 2019

Café 7
Café do Brasil

Wie alles begann

Ich atme gerne Weltluft. Das tat ich auch schon vor über 30 Jahren. Längere Aufenthalte in Brasilien gehörten zum Standard. Mit Catering und Kellnern verdiente ich mir meine Brötchen. Viele meinen damals wie heute, das sei alles nicht lukrativ. Viele sagen auch, man kann nicht vom Glühwein und dem Weihnachtsmarkt leben. Ich glaubte fest daran, dass alles möglich ist. So kam das Geld zusammen, um nach Brasilien zu fahren und dort viel zu erleben.

São Conrado ist ein Strandviertel von Rio de Janeiro, das von den Felsformationen Dois Irmãos und Pedra da Gávea umgeben ist. Sie sind super geeignet zum Drachenfliegen und Startplatz für all diejenigen, die immer schon davon geträumt haben, über dem Meer Brasiliens engelsgleich zu schweben und dieses einmalige Erlebnis mit in die Tristesse der Heimat zurückzunehmen. Hier wohnte ich während meiner Aufenthalte bei einem Heidelberger Freund meines Vaters. In der künstlerischen Szene der 1960er Jahre war er kein Unbekannter. Er lebte gemeinsam unter einem Dach mit dem Exzentriker Klaus Kinski. Im Übrigen fällt mir an dieser Stelle schon gleich eine erste Anekdote ein. Klaus Kinski, der unter der CCC-Legende Artur Brauner in so vielen Edgar-Wallace-Filmen mitwirkte, war mein Idol. So besuchte ich in Zoppot (Seebad bei Danzig) dessen Geburtshaus und tauchte in seine Welt ein. In Brasilien hörte ich auch vom Tod Kinskis – was für eine Lebenslinie.

Der Freund meines Vaters zeigte mir wunderbare Orte in Rio de Janeiro. Wir saßen in der Bar Veloso, die heute „Garota de Ipanema" heißt, unter den Orginalnoten zu „Das Mädchen aus Ipamena" von Antônio Carlos Jobim – ein Kulturhauch besonderer Art verbunden mit der Leidenschaft der brasilianischen Seele. „The Girl from Ipanema" avancierte zu einem der weltweit bekanntesten Songs der Bossa Nova. Zu dem Erfolg dieser Version trug die Mitwirkung des bekannten Jazz-Tenorsaxophonisten Stan Getz bei. So habe ich es an vielen Stellen gelesen und gehört. Hier, in dieser wundervollen Bar, in dieser so einzigartigen Atmosphäre tranken wir Caipirinha, und nicht wenige. Danach zogen wir in Rios beste Churrascaria „Porcao" in Ipanema. Hier aßen wir „Churrasco rodizio", für die Insider der Szene gehört das einfach dazu. Dann zogen wir weiter zu „Chicos Bar."

Das war die Lieblingsbar des Königs von Spanien, wenn er Rio besuchte. Danach ging es an die Copacabana ins „Help." In den 1980ern war es die berüchtigtste Diskothek Südamerikas. Auch eine Frau kam jetzt ins Spiel, die mein Leben geprägt hat und letztendlich den Weg zum Heidelberger Weihnachtsmarkt Glühwein geebnet hat. Sie hieß Mirtha. Wir lernten uns in Ouro Preto / Minas Gerais bei einer Uni-Feier kennen und verbrachten zwei Tage miteinander. Sie gab mir ihre Adresse, auf einem kleinen Zettel geschrieben mit dem Hinweis: Hier kannst du mich finden. Leider musste sie wieder zurück nach Hause, wegen ihres Jobs. Schnell merkte ich, nachdem sie gegangen war: Ich habe mich verliebt. Ich wollte sie kurze Zeit später besuchen. Da gab es einen Schock: Ich hatte den kleinen Zettel mit der Adresse in Belo Horizonte verloren. Noch ein Unglück dazu: Es ist die drittgrößte Stadt Brasiliens mit 1,3 Millionen Einwohnern. Ich gab nicht auf und machte mich auf den Weg. Ich hatte Fragmente des Straßennamens im Kopf. Drei Tage brauchte ich, um die Adresse ausfindig zu machen, verbunden mit vielen Begegnungen. Ganz kurios: In einer Bar, nahe ihrem Wohnhaus, wollte ich mich noch einmal vergewissern: Ist es die richtige Straße? Ich kam mit einem älteren Mann ins Gespräch. Es zeigte sich: Ich hatte mich nicht geirrt. Und später stellte sich heraus: Es war der Vater meiner zukünftigen brasilianischen Lebensgefährtin.

Mit ihr verbunden sind weitere schöne Storys. Bei einer spielen sogar der Tanz „Lambada" und der Promi Thomas Gottschalk eine Rolle. Mein Freund Raimundo, der mich begleitete, und ich waren begeistert von einer Lambada-Vorführung, bei der meine damalige Freundin ihr Temperament spielen ließ. Damals dachte ich sofort: Dieser Tanz wird in Europa ein Hit.

Zwei Jahre später realisierte sich diese Vorahnung auf wunderbare Weise: Wir zogen zusammen mit dem Tänzer Eduardo von Location zu Location. Ich handelte immer gute Gagen aus und war zuständig für das Marketing. Der Höhepunkt: Der Auftritt in einer Fernsehsendung. Im Backstagebereich saßen wir mit Thomas Gottschalk und seinem damaligen Manager. Smalltalk in ganz besonderer Atmosphäre bis zum Auftritt.

Es dauerte eine Weile, es waren verschiedene Reisen zwischen Belo Horizonte und Heidelberg notwendig, bevor die Brasilianerin zu mir kommen konnte und wir ein Paar wurden. In die Augen fiel mir das bekannte Café 7 auf dem Heidelberger Marktplatz. Ich setzte ganz auf das Flair, das ich in Brasilien kennengelernt hatte, und gründete nach Erwerb das Café do Brasil.

Jetzt kam all das zur Geltung, was ich von meinen Reisen nach Brasilien an Ausstattungsgegenständen und Kunstwerken mitgebracht hatte. Es hatte sich gelohnt, der Einstand war super. Doch ich wollte ein weiteres Standbein. Irgendwie verliebte ich mich in den Weihnachtsmarkt, der jedes Jahr direkt vor meiner Tür gegenüber der Heiliggeistkirche stattfand. Und dann kam die spontane Idee, mitmachen zu wollen. Ohne zu überlegen gab ich beim Verkehrsverein eine Bewerbung für einen Glühweinstand ab. Ich hatte niemals zuvor mit Glühwein zu tun gehabt. Aber die Gewinnspanne schien mir sehr interessant zu sein, ohne Detailwissen.

Ein Jahr Wartezeit war angesagt. Das war alles ganz unaufgeregt. Dann plötzlich ging alles ganz schnell. Der Verkehrsverein rief an und meinte: Du bist mit im Boot. Nun wurde es wirklich ernst.

Jetzt musste schnell eine allererste Hütte her. Hier hatte ich Glück. Über einen Freund kam ich an einen Ruheständler, der eine brasilianische Strandhütte nach meinen Vorstellungen baute. Sie erfüllte einen doppelten Zweck. Sie diente als Catering-Utensil. Man konnte zwei Bars à drei Meter aufstellen. Auch eine sechs Meter lange Bar war auf Wunsch realisierbar. Und die Generalprobe kam schnell. Zum ersten Mal kam die Hütte auf Schloß Langenzell im Odenwald zum Einsatz. Es war auch der erste Catering-Auftrag mit einem für mich unfassbaren Budget. Ich konnte eine sehr bekannte Capoeira-Gruppe aus Frankfurt buchen. Der Duft der selbstgedrehten Zigaretten der Künstler vernebelte mir den Kopf, aber nicht den Verstand. Der Meister der Truppe brauchte zur Kreativität bestimmte Stimulanzen. Es war alles von mir minutiös organisiert und getaktet. Aber bei den Brasilianern tickt die Uhr anders. Bei Verabredungen sollte man wirklich Zeit nach vorne einplanen.

Der zweite Einsatz fand im Deutsch-Amerikanischen Institut Heidelberg mit dem Programmleiter Jakob Köllhofer an der Spitze statt, das 1969 von dem weltbekannten Künstler Christo verpackt wurde. In den 1990ern kam er mit seiner Frau Jeanne-Claude ins Café do Brasil, es war eine sehr wertvolle Begegnung. Ich konnte mich mit Christo ein paar Minuten austauschen. Keiner glaubt, wie viel Zeit für die Vorbereitung seiner großen Projekte benötigt wird. Leider habe ich eine große Chance an diesem Tag verpasst. Ich tauschte höflich, wie es meine Art ist, den Aschenbecher von Christos Frau gegen einen neuen aus. Eigentlich hätte ich ihn mir in eine Serviette einpacken und ihn von Christo signieren lassen sollen. Dann wäre es ein Aschenbecher für die Ewigkeit gewesen.

Für das Deutsch-Amerikanische Institut organisierte ich eine brasilianische Nacht. Mit brasilianischen Tänzerinnen, Live-Musik und meiner tropisch dekorierten Hütte. Ich ließ sogar Sand aufschütten. Der Ertrag war nicht überwältigend, aber immerhin musste ich nichts dazu zahlen. Die Experimentierphase war noch nicht abgeschlossen.

Der dritte Einsatz fand im Mainzer Kulturzentrum (KUZ) am Rhein statt. Die dortigen Betreiber gestatteten mir, während der Brasil-Sommer 1995 und 1996 bei Konzerten brasilianischer Superstars wie Gilberto Gil, Caetano Veloso, Daniela Mercury und Chico Buarque den Caipirinha-Verkauf zu übernehmen. Es gab Abende, da gingen 700 bis1000 Getränke über die Theke. Dabei wurde der brasilianische Konsul Cesário Melantonio auf mich aufmerksam und bat mich, nach Frankfurt zu kommen. Hier lernte ich im Konsulat den Kulturattaché des Landes Brasilien, Alberto Luis Moniz Bandeira, kennen. Er erzählte mir, dass er ein direkter Nachfahre des Amerikaentdeckers Christopher Kolumbus sei. Bandeiras Familie gehörte der komplette Bundesstaat Salvador da Bahia im Norden Brasiliens. Hier noch ein interessanter Einschub: Der damalige Präsident Brasiliens, Fernando Cardoso, war nicht nur ein Freund Bandeiras, sondern auch sein Studienkollege und wie er im Gefängnis als Folge des politischen Widerstandes gegen die Militärdiktatur von 1964 bis 1985. Durch Bandeira lernte ich in Heidelberg den damaligen brasilianischen Außenminister kennen. Eine spannende Zeit mit Bandeira begann.

Auch die Begegnung mit dem Musiker Gilberto Gil ist eine besondere. Als Superstar der Música Popular Brasileira wird er von den meisten Brasilianern angebetet, ist für sie ein Gott – also für Normalos nicht erreichbar. Eines Tages schaute Bandeira unangemeldet bei mir im Café do Brasil vorbei und lud mich zu einem Besuch bei dem Star im Mainzer Hilton ein. Ich lächelte etwas in mich hinein. Das klappt doch nie, dachte ich mir, wenn ich an das Verhalten deutscher Stars vor einem Konzert denke. Doch Bandeira machte es möglich. Plötzlich saß ich mit ihm und Gilberto Gil eine Stunde im Hilton zusammen und zimmerte mit an einem Konzert in der „Feinen." Gilberto sagte, er habe so viel von Heidelberg gehört, und wollte, dass ich bei seinem nächsten Besuch in Heidelberg mit ihm abends durch die Altstadt ziehe. Kulturattaché Bandeira und Konsul Melantonio baten mich, in Frankfurt auf dem Römer die Föderative Republik Brasilien mit meiner Hütte zu präsentieren. Das geschah unter dem Dach der UNICEF. Als ich zusagte, bat man mich, für Brasilien alle erforderlichen Gespräche zu führen. So lernte ich viele Vertreter der beteiligten Nationen kennen. An meinem runden Tisch saßen die Vertreter unter anderem Südafrikas, der Philippinen und Italiens. Alle dachten natürlich, ich sei der Konsul Brasiliens. Als sie erfuhren, dass ich Betreiber eines brasilianischen Cafés in Heidelberg war, gab es viel Bewunderung. Mit zugegen war die damalige Oberbürgermeisterin Petra Roth. Hieraus entstanden wieder viele Kontakte zu anderen Vertretern der Botschaften, darunter auch zu der Abgesandten der Philippinen. Diese kam später dann auch in mein Café und besuchte die damalige Heidelberger Oberbürgermeisterin Beate Weber.

Nachdem die Philippinin mein Café verlassen hatte, drehte sich alles nur um eines: den Glühwein, denn der Weihnachtsmarkt stand vor der Tür.

Der Glühwein

Der erste Weihnachtsmarkt war entscheidend. Schon am Anfang gab es Probleme. Der Weg zum Café do Brasil, hier wurden die Becher damals gespült, war schon ein weiter. So mancher Becher ging in Stücke, in einem Korb befanden sich so rund 25 Stück. Die Schwierigkeiten ließen uns nicht verzagen, ich unterhielt beim Glühweintrinken die Gäste und das mit sehr großer Leidenschaft. Zwei der Mitarbeiterinnen hießen Lia und Martine. Es handelte sich um eineiige Zwillinge. Ihre Wurzeln hatten sie in Frankreich. Sie unterschieden sich nur in ihrer Kleidung. Das verwirrte einige Gäste, vor allem zu später Stunde. Und wir verwirrten gerne abends ab und zu unsere Gäste.

Eines Abends kam bei uns der Sohn des Glühweinlieferanten vorbei und trank einen Becher mit seinem Bekannten. Er wusste natürlich nicht, woher der Glühwein kam. Seine Meinung: Der Glühwein schmeckt ja wirklich gut, sagte er zu seinem Trinkkameraden. Erst viele Jahre später erzählte er von der witzigen Story, denn der Glühwein kam ja aus eigenem Hause.

Der erste Weihnachtsmarkt wurde mit einem positiven Ergebnis beendet. Wir hätten nicht mit so viel Erfolg gerechnet. Das machte natürlich Mut, die Nische, in die ich geschlüpft war, auszubauen.

Drei Jahre lang war Standardversorgung an meiner Hütte angesagt. Doch irgendwie hatte ich Lust, mich auch beim Glühwein einmal auszuprobieren. 1996 wurde die Idee, welche schon 1994 entstand, explizit einen Heidelberger Weihnachtsmarkt Glühwein zu kreieren und diesen auch in Flaschen anzubieten, umgesetzt. Unterstützung kam vom Weingut Müller. Die Premiere hatte vollen Erfolg. Aber es blieb nicht nur bei dieser kreativ entwickelten Marke. Es wurde ein neues Etikett produziert, das heute noch die Flaschen ziert. Ein Gebrauchsmusterschutz wurde beim Patentamt erwirkt. Mit dem neuen Produkt, den Flaschen, stiegen auch die Umsatzzahlen. Das spornte noch mehr an.

Während des Jahres saß ich gerne mal mit Matthias Müller und Freunden auf dem Wingert oder daheim zusammen, und wir tranken gemeinsam einen Tropfen „Weißen" vom Weingut Müller. Der konnte trocken, der durfte auch lieblich sein. Irgendwann kam dann in abendlicher Runde die Idee: So ein Weißer muss auch mal auf den Heidelberger Weihnachtsmarkt. Alle blickten etwas skeptisch in die Runde. Der Kellermeister Markus Müller zog sich zurück und schuf den Original Heidelberger Weihnachtsmarkt Glühwein weiß. Grundlage war die Traube Müller-Thurgau.

Dazu noch ein „Anekdötchen." Wir gingen auf den Abschluss der Saison des Weihnachtsmarktes zu: letzter Abend, letzte Stunde, letzter Verkauf und letzter Ausschank. Eine jüngere Frau war die letzte Kundin. Sie schlürfte ganz gemütlich und entspannt einen Becher weißen Glühwein, während hinter ihr schon der Stand abgebaut wurde. Im nächsten Jahr gab es wieder die traditionelle Eröffnung des Marktes. Die letzte Kundin des Vorjahres war die erste Kundin des neuen Jahres und stürmte auf uns zu. Wir dachten an Schlimmes. „Euch und eurem weißen Glühwein habe ich es zu verdanken, dass ich schwanger wurde." Sie sprach einen herzlichen Dank an das Team vor Ort aus. So etwas wird natürlich auch nach Jahren nicht vergessen. Nicht nur durch diese besondere Schwangerschaft (Der Papa war uns nicht bekannt.) nahm die Beliebtheit des weißen „Glühweingoldes" permanent zu. Doch noch immer war ich nicht am Ende meiner Gedankenkette.

Es musste etwas Exklusives her. Gerade in der Universitätsstadt Heidelberg stehen kulturelles Verständnis und die Liebe zu ausgefeilten Präsenten mit regionalem Charakter im Zentrum. Zu nennen ist z.B. der „Heidelberger Studentenkuss". Das Café Knösel im Zentrum der Altstadt bietet diese verlockende süße Kostbarkeit den Gästen an. Das ist in Heidelberg kein Geheimnis. Staatsoberhäupter probierten die historisch besetzte Praline. So kam ich auf eine neue Idee zur Vermarktung eines regional besetzen Geschenks. Die Standardflasche des Heidelberger Weihnachtsmarkt Glühweins kam gemeinsam mit dem original Jahresbecher der Stadt Heidelberg in eine von mir kreierte Umverpackung mit Klarsichtfenster. Das war der Ursprung des Heidelberger Weihnachtsmarktsets, das an meinem Stand zum Jahrtausendwechsel erstmals verkauft wurde – mit großem Erfolg. Tatsächlich boten nun auch mehrere Geschäfte und Cafés das Set an, so z.B. die Kaufhof Filiale am Bismarckplatz und das Modehaus Kraus. So etablierte sich die Marke bei vielen Heidelbergern und Touristen, die auf der Suche nach einem originellen Geschenk waren.

Doch nicht nur das Set wurde angeboten, sondern an Tankstellen, in Supermärkten, Getränkeshops und anderen Einrichtungen gab es flaschenweise den Heidelberger Weihnachtsmarkt Glühwein in Rot und Weiß.

2015 kam der nächste Knaller: Jetzt wurde es auch politisch. Ein neuer Glühwein musste her. Der erste Gedanke: Nach rotem und weißem Glühwein sollte nun auch ein „Rosé" die Besucher locken. Aber es gab gleich ein Problem: Nach Lebensmittelrecht darf aus Roséwein kein Glühwein produziert werden. Was tun? Ich schlenderte über den Weihnachtsmarkt. Aus der Konserve erklang von einem Stand herüber so romantisch das traditionsreiche Lied „Süßer die Glocken nie klingen." Ich ging weiter. Plötzlich kamen ganz andere Klänge an mein Ohr, und die aktivierten meine Gehirnzellen. Aus einer anderen Hütte erklang der berührende Song „What about us" der Sängerin Pink. Schon war der Name für die neue Kreation gefunden.

Das Weingut Adam Müller in Leimen wurde aktiv, der junge helle Spätburgunder gepaart mit der geheimen Gewürzmischung des Kellermeisters ergab ein neues, fruchtig spritziges Glühweinerlebnis. Der Pink Glühwein war geboren und lief auch super. Daraus entwickelte sich ein erweitertes Heidelberger Kulturereignis. Da gibt es den grauen, tristen Montag. Alle Händler auf dem Markt machen den geringsten Umsatz. Das Wochenende hat seine Spuren hinterlassen. Was nun tun?

Mit dem Pink Heidelberger Weihnachtsmarkt Glühwein kam der Gender-Gedanke mit ins Spiel. Soll ich den Sprung ins politische Becken wagen? Soll ich Schwulen und Lesben, Transsexuellen, den Drag Queens gemeinsam eine Plattform bieten in Verbindung mit dem Pink-Glühwein? Das setzten wir um mit sehr vielen Gästen und Nebeneffekten – später mehr dazu.

Den Abschluss der Entwicklungskette bildete der Gourmet-Glühwein aus der Merlot-Traube. Inzwischen hat er sich zum „Champagner" unter den Glühweinen entwickelt.

Und mittlerweile wurden drei Fernsehbeiträge über den Heidelberger Weihnachtsmarkt Glühwein gesendet. Es wurde deutlich: Wir bieten ein Top-Qualitätsprodukt an, das tatsächlich mehr Besucher auf den Weihnachtsmarkt in Heidelberg lockt. Was der Glühwein so alles bewirken kann…

Es „müllert" auf dem Weihnachtsmarkt

Nathalie und Matthias Müller. Beide sind die Seele des Heidelberger Weihnachtsmarkt Glühweins. Wie haben wir uns kennengelernt?

Der erste Kontakt mit Matthias Müller fand über mein brasilianisches Café in der Altstadt statt. Es hatte sich herumgesprochen: Der Wein aus regionaler Produktion in Leimen hat was. Die Gäste bestellten immer wieder gern den Tropfen vom Weingut Adam Müller. Er mundete auch mir persönlich.

Schon in jungen Jahren genoss ich gerne mal ein Gläschen. Ich gebe zu: Auch heute noch trinke ich am liebsten mein Pils. Und diesen Genuss teile ich gerne. Unvergesslich ist mir ein Besuch auf der Ketscher Rheininsel. Mit Freunden machte ich auf dem Fahrrad einen Ausflug. Mit dabei hatten wir eine Flasche Lambrusco. Die 1,5 Liter Flasche wurde gemeinsam von uns geleert. Ich schlief ein, leicht trunken durch den lieblichen italienischen Wein, erwachte am späten Nachmittag, die Sterne begannen zu funkeln. Vielleicht, aber nur vielleicht kam damals das Gefühl: Wein könnte schon irgendwie mein Leben begleiten.

Ich bin im Sternzeichen Fische geboren. Hier gibt es passende Charaktereigenschaften: Künstlerische Tätigkeiten liegen dem Fisch besonders, da er ein sensibler und fantasievoller Mensch ist. Der große Erfolg ist ihm dabei gar nicht so wichtig, sondern vielmehr die Möglichkeit, eigene Vorstellungen umsetzen zu können. Deshalb kann er sich gut vorstellen, freiberuflich tätig zu sein. Das hat nämlich den Vorteil, dass er seine Arbeitszeit selbst bestimmen kann. Ansonsten eignet er sich für Berufe, in denen Fingerspitzengefühl nötig ist.

So fasste ich mit 18 Jahren den Entschluss, in die Gastronomie einzusteigen, selbstständig, und nach meinem Traum zu streben, den ich mir mit viel Fleiß erfüllen konnte.

Dazu gehörte auch die erste persönliche Begegnung mit Matthias Müller. Vor 25 Jahren stand der junge Mann an der Theke der Glühweinhütte und bestellte zwei Becher Glühwein. Mir wurde zugeflüstert: Das ist der Sohn des Weingutbesitzers

Adam Müller. Da er, wie erwähnt, selbst nicht wusste, dass er vom Glühwein der eigenen Produktion kostete, hatte die Begegnung schon eine gewisse Bedeutung für die gesamte Geschichte des Heidelberger Weihnachtsmarkt Glühweins. Das Weingut Adam Müller hat wirklich Geschichte in und um Heidelberg geschrieben. Genau sagen kann man nicht, wann der Weinanbau wirklich begann. Eines ist gesichert: Hier wird Wein in der neunten Generation angebaut und gelesen. Es werden 22 Hektar eigene Weinberge in Leimen, Heidelberg, Nussloch, Malsch und Rauenberg bewirtschaftet. Genau gegenüber des historischen Heidelberger Schlosses befindet sich der Sonnenhang im Besitz der Familie. Getrennt sind beide nur durch den Neckar, der letztendlich die Blüte Heidelbergs mit bedingt hat. Das illuminierte Schloss ist der Touristenmagnet schlechthin. Weit über eine Million Menschen aus aller Welt strömen in die „Feine" und werfen von der Schlossterrasse bewusst einen Blick auf die Altstadt und unbewusst auf den Sonnenhang der Familie Müller.

Ich wusste, hier geht mehr. So machte ich mich auf den Weg in die Becker-Town Leimen und besuchte Matthias Müller. Sofort waren wir uns sympathisch. Er schätzte meine Idee, einen Heidelberger Weihnachtsmarkt Glühwein zu kreieren. Seine erste Frage war: „Wie stellst du dir das vor?" Von Anfang an bedeutend: das Etikett. Unsere Begegnung fiel auf die ersten Tage des Weihnachtsmarktes 1996. Es blieb nicht mehr viel Zeit zum Agieren. Das erste Etikett für 1996 war eine ganz spontane Aktion. Unglaublich: Es war ohne Farbe, darauf zu sehen war das Schloss und der Name „Heidelberger Weihnachtsmarkt Glühwein". 150 Flaschen wurden abgefüllt. Innerhalb von zehn Tagen waren sie verkauft.

Der Erfolg machte weiteres Handeln nötig. Nach Ende des Weihnachtsmarktes 1996 hatten wir elf Monate Zeit, um das Produkt weiter zu entwickeln. Nun galt es Gas zu geben. Ein neues Etikett sollte entstehen. Das hatte jedoch Folgen. Eine weitere Idee kam ins Spiel: Ich wollte unseren Glühwein landesweit vertreiben. Für den Markenschutz von zwölf großen Städten investierte ich einen fünfstelligen DM-Betrag. Ich war voller Elan und sah dabei keine Probleme. Von allen Städten ließ ich mir Materialien zukommen, um mich über den Verkaufsprozess vor Ort zu informieren und kundig zu machen.

Ich suchte den Kontakt. Doch das erste Gespräch holte mich ernüchternd auf den Boden der Tatsachen zurück. Nun wurde deutlich: Der Verkauf von Glühwein ist ein „Goldesel." Jeder Weihnachtsmarkt war unter fester Kontrolle des Veranstalters. Mein Ziel, auf anderen großen Weihnachtsmärkten in Deutschland mit Hütte und offenem Verkauf anzudocken: no chance.

Lieber Leser, meine Empfehlung ist: Es lohnt sich nicht, hier zu investieren. Die Reaktionen auf mein Anliegen erzeugten immer ein freundliches Lächeln. Der Vertrieb der Flaschen sei sehr gerne möglich, aber kein Ausschank. Heute findet ein richtiger „Krieg" um die begehrten Plätze statt, wo Glühwein ausgeschenkt werden kann und darf. Der Glühweinausschank ist das profitabelste Geschäft eines Weihnachtsmarktes. Mir ist bekannt geworden, dass in einigen Städten städtische Gesellschaften mit beschränkter Haftung nun die Veranstaltungshoheit haben, langjährige Marktbeschicker verdrängen und selbst absahnen wollen. Dadurch wird meiner Meinung nach die Struktur eines gewachsenen Weihnachtsmarkts erheblich gestört.

Trotz allem unterstützt Matthias Müller meine Ideen weiter. Auf den weißen Heidelberger Weihnachtsmarkt Glühwein folgten die Marken „Pink" und „Merlot." Und auch für das Jahr 2019 ist das Weingut ein wichtiger Partner für meine neue Attraktionshütte, die mit erheblichen Investitionen zum ersten Mal auf dem Heidelberger Weihnachtsmarkt 2019 stehen wird.

Das Heidelberger Glühwein Schloss.

Vom Königstuhl zum Fujiyama

Der Königstuhl erhebt sich vor den Toren Heidelbergs. Nicht unweit vom Marktplatz und meiner Weihnachtsmarkthütte fährt die Bergbahn nach oben, die von Touristen sehr viel genutzt wird.

Von dort aus startete meine erste Glühweinreise im Jahre 2001 – über eine Strecke von 10.000 Kilometern.

Wie bereits erwähnt, wurde ich vom Vorsitzenden des Freundeskreises Heidelberg – Kumamoto eingeladen, in der japanischen Botschaft in Berlin den Kaisergeburtstag mitzufeiern und meine Idee von der Organisation eines Weihnachtsmarkts in Heidelbergs Partnerstadt Kumamoto vorzustellen.

Beim Eintritt zu den Feierlichkeiten in der japanischen Botschaft in Berlin musste man sich in ein Gästebuch eintragen. Vor mir stand eine mir nicht bekannte Japanerin und trug sich mit einem tollen Schriftbild ein, mit einer wunderbaren, unverwechselbaren Handschrift: Kalligraphie. Ich hatte zwar schon von diesem Begriff „Kalligraphie" gehört, durfte jedoch noch nie in diese wunderbare Welt eintauchen. Es sah wunderschön aus, es begeisterte mich, es inspirierte mich.

Ich stupste sie an und wurde zunächst eindringlich gemustert. Mit der Genauigkeit, die ihre Schriftzüge prägten, wanderten die Blicke über meinen Körper. Spannung lag in der Luft. „Was möchten Sie?" Ich entschuldigte mich und fragte sie, ob sie meinen Namen auch in dieser Form des Schriftbildes schreiben konnte. Nachdem ich ihr erklärte, warum ich hier war und was ich vorhatte, lächelte sie und setzte meine Unterschrift wunderbar gestaltet auf das Papier. Wow, das sah toll aus … (Schneider in Kalligraphie)!

Nachdem wir uns bei einem Gläschen Sekt im Garten der Botschaft ausgetauscht hatten, taute sie immer mehr auf. Es stellte sich heraus, dass sie als Pianistin viel unterwegs war, ihre Mutter war eine der angesehensten Kalligraphiemeisterinnen Japans und ihre Schwester die Leiterin eines Goethe-Instituts in Japan. So konnte sie auf ein wertvolles Netzwerk in und außerhalb Japans bauen. Ich war völlig fasziniert von dieser Frau.

Sie stellte mir den japanischen Botschafter vor, bei dem ich meine erste (natürlich vorher erlernte) Verbeugung ausführte. Hierzu sei kurz auszuführen: Die Verbeugungen in Japan sind ein ganz wichtiger Teil im gesellschaftlichen Miteinander. „Der Rangniedere verbeugt sich länger, geht auch eher nach unten." Das alles durfte ich erfahren und lernen, hatte alles gut einstudiert und führte es mit der „erlernten Kompetenz" aus. Diese „Professionalität" wurde auf der Reise immer wieder angesprochen, und es gab viele Verbeugungen.

Nachdem sich der Botschafter mein Vorhaben angehört und mir einige Fragen zu meiner Vita gestellt hatte, versprach er mir, mich in meinen Bemühungen zu unterstützen, da er das Projekt als Kulturaustausch zwischen Japan und Deutschland sehr gut fand.

„Meine" japanische Pianistin war sehr erfreut über die Aussagen des Botschafters und fand die Idee auch toll, zumal sie deutsche Weihnachtsmärkte kannte und diese sehr gerne besuchte. Sie bot mir an, mich gerne zu unterstützen, auch vor Ort mit ihren vielen Kontakten. Ich musste nicht lange überlegen.

Am nächsten Tag lud ich sie in Berlin zum Mittagessen ein und fragte sie: „Wann hast du Zeit? Ich bereite eine Reise nach Japan vor, und es wäre super, wenn du mit dabei wärst."

Ihre Antwort: 私はそこにいます Ich bin dabei.

Sechs Wochen später saßen wir im Flieger nach Tokio.

Vorher besuchte sie mich in Heidelberg und klärte mich über wichtige Bräuche in Japan auf. Nicht nur das richtige Verbeugen war zu erlernen, nein, es gab viel mehr, an das zu denken wichtig war. Ich hatte eine tolle Lehrerin und war sehr gespannt auf unsere dreiwöchige Reise durch das „Land der aufgehenden Sonne."

Schnell lernte ich auch: In der japanischen Kultur ist es die höchste Form der Gastfreundschaft, als Fremder (Ausländer) privat nach Hause eingeladen zu werden.

Doch meine Begleitung organisierte (bis auf vier oder fünf Hotelübernachtungen) alle Übernachtungsmöglichkeiten bei Künstlerfreunden von ihr (Musiker, Maler). Einen Traum und viele Geschenke hatte ich im Gepäck. Denn auch in Japan ist Dankbarkeit eine große Tugend.

Nach knapp elf Stunden Flug landeten wir in Tokio. Vom Flughafen fuhren wir mit einem Zug in die Stadt. Dort wartete ein sehr guter Freund von ihr mit einem Pickup. Das Gepäck wurde aufgeladen, und eine landschaftlich abenteuerliche Reise begann. Nach zirka einer Stunde kamen wir in ein wunderschönes Haus, wie ich es aus Filmen zu und aus Japan kannte.

Angekommen bekam ich ein großes Zimmer mit einem tollen Bad. Aber wo war das Bett? In Japan schlief man(n) auf dem Boden. Ich vergaß. Unten im großen Wohnzimmer, am Kamin war ein tolles Essen mit vielen japanischen Köstlichkeiten vorbereitet. Okay, jetzt hatte ich umgeswitcht: Auch gegessen wird auf dem Boden bzw. an ganz niedrigen Tischen. Sitzen auf dem Boden ist unerlässlich.

„Hast du es dir so vorgestellt?" Das war die Frage der Anwesenden.

Ich nickte mit dem Kopf, bedankte mich und eine noch aufregendere Reise begann.

Es gab drei wichtige Termine: das Treffen mit dem deutschen Konsul in Osaka, die Vorstellung des Projektes bei den Stadtoberen der Partnerstadt Kumamoto und das Treffen mit dem CEO einer der größten Handelsketten in Japan zu dieser Zeit.

Drei Tage vor dem geplanten Treffen in Osaka beim deutschen Konsul erhielt ich aus dem Konsulat einen Anruf, der Termin finde zwei Tage später statt. Der Grund: der kurzfristig anberaumte Okinawa Gipfel, an dem viele Staatschefs teilnahmen, unter anderem auch der damalige Bundeskanzler Gerhard Schröder. Später hatte ich das Glück, Gerhard Schröder in Heidelberg persönlich kennenlernen zu dürfen.

Bei Japanern ist eine Terminänderung mit erheblichem Aufwand verbunden, bei uns Deutschen nicht so sehr. Das ist mein Eindruck. Das Protokoll in Japan erfordert es.

So traf ich einen japanischen Beauftragten des Konsuls, mit dem ich alles besprach. Er trug einen großen Vollbart, was sehr ungewöhnlich für einen Japaner ist. Als ich ihn darauf ansprach, bat er mich ihm zu folgen. Er fuhr mit mir in eines der oberen Stockwerke. Man muss wissen, dass das Umeda Sky Building in Osaka aus zwei 40-stöckigen Türmen besteht, die miteinander verbunden sind. Es war der Ort, an dem wir uns trafen und der Ort, an dem auch das Deutsche Konsulat seinen Sitz hatte.

Oben angekommen zeigte er mir die Richtung auf die entfernte Stadt Kobe. Dort hatte er das große Hanshin-Erdbeben 1995 vor Ort erlebt und war unbeschadet davon gekommen. Seit diesem Tag rasierte er seinen Bart nicht mehr, sondern stutzte ihn nur. Ich war sehr ergriffen, in knapp 170 Meter Höhe diesem Bericht von einer Tragödie lauschen zu dürfen, die er mit so viel Empathie lebendig werden ließ.

In Osaka durfte ich auch noch den CEO von Hanju treffen, eine der damals großen Handelsketten Japans. Diese ist vergleichbar mit dem Aldi-Imperium der Albrecht-Brüder in Deutschland. Verkehrsvereinschef Nils Kroesen hatte diesen Termin für mich organisiert.

Nach tiefer und langer Verbeugung dem CEO gegenüber, gab es den ersten Augenkontakt. Er war mir auf Anhieb sympathisch. Ich erzählte ihm, was mich bewegte, nach Japan zu kommen. Es schien ihm zu gefallen, meinte meine Dolmetscherin zu mir. Er mag dich und deine Ideen.

Grund des Treffens mit dem CEO war, über seine Handelskette in Japan den Heidelberger Weihnachtsmarkt Glühwein in Flaschen zu vertreiben.

Er wollte den Glühwein probieren. Zack: Ich holte eine Flasche heraus und öffnete sie. Er sprach zwei Mitarbeiterinnen an, und diese zauberten Trinkschälchen hervor. Ich füllte sie. Großer Schock: Sie wollten den Glühwein kalt verkosten! Wild gestikulierend sagte ich: „Nein, nein, nein." So wurde das „rote Gold" erhitzt.

Nun war es so weit, alle Beteiligten schlürften den Heidelberger Weihnachtsmarkt Glühwein, auf ihren Mienen war nichts abzulesen. Der CEO nahm einen zweiten Schluck, dann lächelte er und sagte „Super – kaufen wir." Wir vereinbarten im Kaufhaus von Osaka einen Testverkauf. Ich hatte mein Ziel erreicht. Zu erwähnen sei noch: Die Glühweinverkostung fand im Sommer statt, und an diesem Tag zeigte das Thermometer 30 Grad Celsius.

Danach ging die Reise mit dem Hochgeschwindigkeitszug SHIKANSEN weiter nach KUMAMOTO, meinem eigentlichen Ziel. Kumamoto, die Partnerstadt Heidelbergs, ist bekannt für den besten RAMEN (Nudelsuppe) Japans und seine berühmten Sumo Ringer.

Am Bahnhof in Kumamoto angekommen erlebte ich gleich die erste Überraschung: Ich fuhr mit einer original Heidelberger Straßenbahn zu meinem Hotel. Diese war Jahre zuvor vom damaligen Heidelberger Oberbürgermeister Zundel der Stadt Kumamoto zum Geschenk gemacht worden. In der Straßenbahn kamen die Ansagen der Haltestellen zunächst auf Deutsch, dann erst auf Japanisch. Und ja, ich fand in zwei oder drei Bildern mein „Café do Brasil" wieder, denn es hingen dort etliche Bilder vom Heidelberger Marktplatz. So wusste ich wieder: Du bist auf einem guten Weg.

Im Hotel angekommen erwartete uns der damalige Chefredakteur der Kumamotoer Zeitung. Er zeigte mir auf wundervolle Weise die Stadt.

Zuerst bestiegen wir das Schloss, das geographisch eine ähnliche Lage wie das Heidelberger Schloss hat. Den Ausblick ins Hinterland kann man durchaus mit dem Blick vom Heidelberger Schloss auf den Odenwald vergleichen. Der Chefredakteur erschrak, als wir im Schlossmuseum einem Bildnis des berühmtesten Samurai der Stadt gegenüberstanden, auch ich bekam eine Gänsehaut. Ich schaute in mein eigenes Spiegelbild, wir hätten eineiige Zwillinge sein können – unglaublich. Mir gefiel das: Ich war einmal in einem anderen Leben ein berühmter Samurai gewesen. Die Japaner sprachen noch länger darüber. Es war eine Wunschvorstellung, die mich weiterhin begleitete, mit einem Lächeln im Gesicht.

In einem der bekanntesten Restaurants in Kumamoto pflegt man Heidelberger Kultur. Dort verbrachte ich den Abend vor meinem großen Auftritt vor den Stadtoberen, um mein Konzept Heidelberger Weihnachtsmarkt vorzustellen.

Die Nacht war für mich sehr unruhig, schließlich war ich wegen dieses Termins überhaupt in Japan. Da ich nun schon zweieinhalb Wochen die japanische Kultur hatte kennenlernen dürfen, fühlte ich mich fit für diese Begegnung. Ich hatte nun eine Dolmetscherin an meiner Seite, die ich noch nicht kannte, merkte aber sehr schnell: Das passt.

Im großen Rathaussaal: die Stadtoberen, sie alle waren da. Ich legte los: Ich hielt zuerst einen kurzen Vortrag über die Kultur und Tradition des deutschen Weihnachtsmarktes. Dies wurde veranschaulicht über das Unterlegen des Vortrags mit Bildern des Heidelberger Weihnachtsmarktes.

Fragen kamen: „Wie läuft die Organisation, wer bringt sich wie ein?" Alle Fragen konnte ich zur Zufriedenheit der Stadtoberen beantworten.

Jetzt ging es um den Platz.

Ich wusste, ein Platz wurde von allen Kumamotoern regelmäßig besucht, und das auch mit religiöser Note: Es war der Tempelplatz. Diese Entscheidung würde einzig und allein dem Tempelmeister obliegen. Ich bat um einen Tag Zeit, um mich mit dem Tempelmeister zu treffen.

Der Tempel: Wie bekannt sein dürfte, sind die meisten Japaner geprägt vom Buddhismus und vom Shintoismus. Die Wenigsten kennen christliche Traditionen und Feste, wie die Bedeutung von Weihnachten.

Es kam nun zum Treffen am heiligsten Ort der Stadt. Der Tempelmeister war mir auf Anhieb sympathisch… Es ist so, oder es ist nicht so. Und es war so – von beiden Seiten. Nach einer guten Stunde Gespräch im Tempel und Abschreiten des riesigen Vorplatzes schaute er mich an und sagte: „Du darfst hier einen Heidelberger Weihnachtsmarkt veranstalten." Wow, es war wunderbar! Wir sprachen noch ein bisschen, ich bedankte mich bei ihm und versprach, ihn auf dem Laufenden zu halten.

Im Rathaus traf ich noch einmal Vertreter der Stadtoberen und erzählte ihnen von den Worten des Tempelmeisters. Sie waren natürlich schon längst informiert – Netzwerke halt. Auch ihnen versprach ich, sie auf dem Laufenden zu halten.

Wieder in Heidelberg, hoch motiviert und voller Tatendrang in diesem Projekt, hörte ich, dass man von Seiten des Verkehrsvereins nicht mehr vorhatte, nach Kumamoto zu gehen, sondern Osaka (Platz um das Umeda Sky Building) ins

Auge gefasst hatte. Für mich war das unfassbar, da ja Kumamoto schon zugestimmt hatte und unsere Partnerstadt war.

Gegen alle Bedenken ging man nach Osaka. Die Aussicht auf mehr Geld führte meiner Meinung nach zu dieser Entscheidung. Ich zog mich sofort aus dem Projekt zurück.

Das Projekt Weihnachtsmarkt in Osaka war im ersten Jahr durch verschiedene Umstände ein Misserfolg schlechthin, etliche Beteiligte verloren sehr viel Geld. Von den vielen tausenden Litern Glühwein, die per Schiff nach Osaka transportiert wurden, kamen ca. 60 % wieder zurück. Rechtstreitigkeiten liefen noch Jahre nach diesem Ereignis.

Manchmal regiert Geld eben nicht die Welt.

Auch der Pastor liebt den Becher

Bereits Anfang des 13. Jahrhunderts stand an der Stelle der heutigen Heilig-geistkirche eine kleine romanische Basilika „Zum Heiligen Geist", die vermutlich Anfang des 14. Jahrhunderts einem Brand zum Opfer fiel. An ihrer Stelle wurde eine frühgotische Kirche erbaut, in der am 18. Oktober 1386 die Eröffnungsmes-se zur Gründung der Universität Heidelberg stattfand. Das zeigt, wie traditions-reich unsere „Feine" ist. Unter Ruprecht III. wurde der Chor der Kirche bereits 12 Jahre später abgerissen und durch einen größeren ersetzt. Somit gilt das Jahr 1398 als das Gründungsjahr der Heiliggeistkirche. Es ist die Kirche, mit der der Heidelberger Weihnachtsmarkt Glühwein eng verbunden ist.

Im Zuge der Reformation wechselte die Kirche mehrfach zwischen lutherischer und reformiert-calvinistischer Konfession. 1563 entstand als reformiertes Be-kenntnis der Heidelberger Katechismus. Mit dem 30-jährigen Krieg und der Eroberung Heidelbergs durch katholische Truppen wurden die Stadt und die Kirche für viele Jahre katholisch, und als Kriegsbeute ließ Papst Gregor XV. die BIBLIOTECA PALATINA 1623 nach Rom bringen.

Ich konnte kaum ahnen, dass die Kirche mit ihren Pastoren auch bei meiner Weihnachtsmarktentwicklung eine entscheidende Rolle spielte. Besonders das große Lutherjubiläum 2017 prägte die Stadt und auch den Weihnachtsmarkt.

Die Ruprecht-Karls-Universität besuchten bedeutende Köpfe aus aller Welt. Friedrich Hölderlin, Johann Wolfgang von Goethe, Robert Schumann und Cle-mens Brentano sind nur einige, die die Stadt für sich entdeckten.

Heidelberg war nach unterschiedlichen Quellen 1518 die erste Stadt, die Martin Luther nach der Veröffentlichung seiner 95 Thesen besuchte. Auf Veranlassung Roms wurde er vom Augustinerorden zur Disputation eingeladen, in der er seine Thesen näher erläutern sollte. Dies nutzte Luther, um mit der „theologia crucis" (Theologie des Kreuzes) seine Sichtweise der christlichen Theologie darzulegen. Es waren nicht die Glocken der Heiliggeistkirche, die wir gemeinsam ertönen ließen, es war der Ton beim Anstoßen der Becher mit unserem Heidelberger

Weihnachtsmarkt Glühwein. Passend zum Jubiläumsjahr wurde der von der Altstadtgemeinde Heiliggeist-Providenz vertriebene „Luther Wein" verkauft. Dieser wurde nicht in Bechern offen ausgegeben, sondern nur in Flaschen angeboten.

Martin Luther wird der Vers „Wer nicht liebt Wein, Weib, Gesang, der bleibt ein Narr sein Leben lang" zugeschrieben, allerdings ist er nicht in seinen überlieferten Schriften enthalten. Er wird erst 1775 zum ersten Mal nachweislich erwähnt und in der Folgezeit dann häufig Luther zugeordnet. Aber irgendwie passt der Vers, denn ich bin kein Verächter von Wein, Weib und Gesang, um es auf den Punkt zu bringen – bis heute nicht.

Höhepunkt des Jubiläums war der Besuch des badischen Landesbischofs Jochen Cornelius-Bundschuh. In der Adventszeit besuchte er die altehrwürdige Kirche. Hier gab es ein Buffet auf einer langen Tafel, auch mit Flaschen des Luther-Weins. Ich kam mit der Dekanin, Frau Schwöbel, ins Gespräch und präsentierte ihr die Idee, die Kirchengemeinde zu unterstützen, indem ich die Flaschen auch über meinen Stand auf dem Weihnachtsmarkt anbieten wollte. Es gab ein großes Einverständnis.

Auch bei diesem Ereignis in der Heiliggeistkirche traf ich gute alte Bekannte. Nach dem Gespräch mit der Dekanin und dem Bischof wurde mir ein Teller mit sehr leckerem Eintopf gereicht. Schon nach dem ersten Löffel kam mir dieser tolle Geschmack bekannt vor. Am Buffet stand die Kochbrigade aus dem St. Elisabeth Krankenhaus mit ihrem Chef. 12 Jahre zuvor hatten mir diese Jungs täglich wechselnde frische Eintöpfe gekocht, die ich abholte und über den Weihnachtsmarkt an meiner Hütte verkaufte. Ein herzliches Wiedersehen fand statt. Dadurch wurde die schon bestehende fruchtbare Zusammenarbeit gestärkt.

Mit großer Mehrheit hat die Synode der Evangelischen Kirche in Heidelberg im April 2019 Pfarrer Dr. Christof Ellsiepen zum neuen Dekan des Stadtkirchenbezirks gewählt. Auch ich hatte die Möglichkeit, mit allen geistlichen Vertretern der Altstadtgemeinde Heiliggeist-Providenz ins Gespräch zu kommen, und zwar an meiner Hütte. Ich lud zu Beginn des Weihnachtsmarkts die Geistlichen zu einem „Get-Together" an meinen Stand ein. Es stellte sich nach einem wunderbaren Gespräch heraus, dass die beiden Pfarrer Mirko und Imke Diepen schon zu Studienzeiten Gäste in meinem Café do Brasil gewesen waren.

Ein weiterer wichtiger Partner ist Vincenzo Petracca. Er ist Pfarrer im Gruppenpfarramt der Altstadtgemeinde Heiliggeist-Providenz mit Schwerpunkt auf der Geschäftsführung der Citykirche Heiliggeist. Die Citykirche Heiliggeist ist eine Einrichtung der evangelischen Kirche in Heidelberg, die Themen aus Kultur, Politik, Diakonie und Wissenschaft mit einer religiösen Perspektive verbindet. Sie bietet ein bunt gemischtes Programm, in dem kreative Gottesdienste, Ausstellungen, Diskussionen, Vorträge, Musik, spirituelle Anstöße, Fortbildungsmaßnahmen und Seelsorge ihren Raum haben. Vincenzo Petracca selbst ist geprägt vom Konziliaren Prozess für „Gerechtigkeit, Frieden und Bewahrung der Schöpfung". Promoviert hat er über „Gott oder das Geld – Die Besitzethik des Lukas", wobei er die Wichtigkeit von Gerechtigkeit und Solidarität betont. Und das entspricht auch meinem Ansatz.

Nachdem Bürgermeister Wolfgang Erichson aus gesundheitlichen Gründen verhindert war und zum ersten Mal seit fünf Jahren nicht den PINK MONDAY eröffnen konnte, sprach ich Vincenzo Petracca an, ob er den PINK MONDAY 2018 eröffnen. Er sagte spontan zu. Daraus entwickelte sich eine wunderbare Zusammenarbeit. Wir saßen bis weit nach dem Showprogramm zusammen und tauschten uns in der Sakristei der Heiliggeistkirche aus. Diese wurde während des Weihnachtsmarkts auch bei Auftritten von Künstlern als Backstage-Bereich benutzt. Die Sandwiches, die die Künstler übrig gelassen hatten, schmeckten uns sehr.

Eine weitere wunderbare Begegnung gab es mit Volker Erbacher, dem Fundraiser der badischen Landeskirche, der sich vor allem in einem gemeinsamen Projekt „Heidelberg trauert und hilft" zum Anschlag vor der Gedächtniskirche auf dem Breitscheidplatz in Berlin am 22. Dezember 2016 mit eingebracht hatte. Das Projekt wurde von mir ins Leben gerufen, das Spendenkonto richtete Volker Erbacher ein. Er hatte stets ein Auge darauf, wofür ich ihm sehr dankbar bin. Zu Dank verpflichtet bin ich auch der Senatskanzlei in Berlin und der Pressesprecherin Claudia Sünder, die im Auftrag des Regierenden Bürgermeisters Michael Müller von der Bundeshauptstadt nach Heidelberg kam und den Scheck in Empfang nahm.

Große Freude empfand ich zudem über das Engagement des Heidelberger Oberbürgermeisters Prof. Dr. Eckart Würzner und Peter Feldmann, Oberbürgermeister der Stadt Frankfurt, der auch sofort auf das eingerichtete Konto Spendengeld überwies. Noch heute nehme ich das Dankesschreiben Feldmanns gerne in die Hand. Es befindet sich eingerahmt in meinem Frankfurter Büro.

Als kleines Dankeschön für die gelungene Kooperation und die stattgefundenen Gespräche über Jahre hinweg während des Weihnachtsmarktes übergab ich der Heiliggeistgemeinde eine Weihnachtsmarkt Becher Kollektion, die vom ersten erschienenen Becher bis zum Modell 2016 reichte.

Persönlich zeigt sich das gute Miteinander auch im Austausch mit Grigor, dem Hausmeister der Heiliggeistkirche, der Providenzkirche und der zugehörigen Einrichtungen. Er ist während der Weihnachtszeit zur guten Seele unserer Hütten geworden. Bei Stromausfall, technischen Defekten, Geldwechselproblemen – Grigor ist immer präsent und hilft. Dabei ist zu erwähnen, dass wir immer die Kollekte der Heiliggeistkirche gegen Scheine eintauschen. Wir brauchen die Münzen als Wechselgeld.

So hat die Verbundenheit zur Kirche einen besonderen Stellenwert in meiner Biografie.

CHRISTO

RICHARD DREYFUSS

STEFFI GRAF

HARALD JUNKE

Die versteckte Kamera

Auch die Promis schauen vorbei

Aus Hollywood kommend machte Oscarpreisträger Richard Dreyfuss Halt an meinem Stand. Er ist ein US-amerikanischer Schauspieler, der in den 1970er Jahren durch Filme wie „Der weiße Hai", „Unheimliche Begegnung der dritten Art" und „American Graffiti" die Herzen der Zuschauer eroberte. Für seine Rolle in „Der Untermieter" gewann er 1978 den Oscar als bester Hauptdarsteller.

Das war eine besonders intensive und unvergessliche Begegnung. Denn der Schauspieler und Oscarpreisträger plauderte gern über das, was in der Filmwelt gerade passierte. Der Star war natürlich nicht allein, sondern umringt von einem Tross an Journalisten mit Kameras, Mikrofonen und Feder. Vorsichtig fragte ich den mir sehr sympathischen Mann, ob ich doch ein paar Fragen zum Glimmer und Glanz in Hollywood stellen dürfte. Ich hatte schon von Jugend an ein cineastisches Faible. Ich ging oft ins Kino und bin über meine Arbeit unzähligen Schauspielern persönlich begegnet und habe sie betreut. Dreyfuß war dem nicht abgeneigt und ließ sich mit dem kleinen Glühweinverkäufer auf dem Heidelberger Marktplatz auf ein längeres, sehr interessantes Gespräch ein. Meine erste Frage: „Was macht die Zusammenarbeit mit Steven Spielberg? Ich liebe alle Produktionen des Stars, vor allem den Streifen über das weiße Ungeheuer." Seine Antwort: „Mr. Snyder, that question is very interesting." (Herr Schneider, diese Frage ist sehr interessant). Er erzählte, dass er gerade mit dem Kult-Regisseur ein Projekt realisieren würde. Danach stellte er mir auf dem Marktplatz seine Frau Svetlana Erokhin vor. Sie ist gebürtige Russin. Das inspirierte mich sehr, aufgrund meiner Liebe zu der russischen Kultur und Geschichte. So wechselten wir noch einige Worte. Im Hintergrund waren Gedanken Richtung Osten schon konkret geworden.

Ich liebe es, versteckte Orte und Landschaften zu entdecken, und so entdeckte mich die versteckte Kamera. Das Team vom öffentlich-rechtlichen Fernsehen kam zu meinem Stand und bereitete die Falle vor. Zwei Kameras wurden in der Hütte versteckt, eine trug der Schauspieler an meiner Seite, und eine wurde in einem Holzkasten direkt neben der Hütte versteckt. Über mir waren die sauberen Becher, vor mir stand eine Wanne mit sehr schmutzigem Spülwasser. Die ersten Gäste kamen, und der Schauspieler erzählte ihnen folgende Fake-Geschichte:

„Jetzt kommen zwei Busse mit ca. 100 Personen, da werden alle sauberen Becher gebraucht. Sie können die Becher aber selbst spülen", und er zeigte auf die Spülwanne. Doch die meisten schreckte das nicht ab. Am Ende bekamen sie aber eine saubere Tasse, und es wurde aufgeklärt: Die versteckte Kamera war am Werk. In einem weiteren Streich ging es um den Alkoholgehalt des Glühweins. Während ich ausschenkte, stand der Schauspieler neben mir und hielt ein Alkoholmessgerät in den Wein. „Laut europäischer Norm zum Alkoholgehalt des Glühweins entspricht das Produkt nicht der Norm", sagte er, nahm den Kanister mit der Aufschrift „Glykol" und füllte nach. Im Kanister befand sich natürlich nur Wasser. Hier nahmen die Leute Reißaus, denn die Wirkung von Glykol war ihnen schon bekannt. Es war ein interessanter Tag mit der versteckten Kamera. Und alle Beteiligten hatten viel Spaß.

Immer schon interessierten mich Menschen aus aller Welt. Oft beginnt meine kosmopolitische Seele zu schwingen, bei Begegnungen und Reisen. Auch literarische Aspekte spielen hier eine Rolle. Ich dachte nie, dass sich der Klassiker von Jules Verne „In achtzig Tagen um die Welt" irgendwann mit Leben füllen könnte. Das war aber der Fall, als ich den Blogger Turner traf. Er war Amerikaner und hatte es sich zur Herausforderung gemacht, mit 80 Jobs den Weg um die Welt zu finden. Und für jeden Amerikaner ein Muss: der Besuch der „Feinen." Über die Stadtverwaltung organisiert besuchte er mich an meinem Glühweinstand. Der Wunsch gemäß seiner Idee: einen Tag beim Verkauf auszuhelfen. Er erzählte von seiner langen Reise und auch von der Zeit, die vor ihm lag. Er machte seinen Job gut und reiste am nächsten Tag wieder ab. Sein Blog ist sehr erfolgreich. So findet man auf der Website auch viele Bilder von unserer Begegnung.

Cut.

Vier Wochen später saß ich im Flugzeug nach Bangkok. Endlich wollte ich mal wieder Urlaub machen. Ich hatte ein Schnäppchen gefunden und zugegriffen. In Bangkok überquerte ich den Chao Phraya River mit einer Fähre. Mit Blick auf die Tempel war ich in mich gekehrt und genoss meinen Urlaub. Plötzlich schallte es über das Wasser: „SCHNEIDER." Da saß Blogger Turner mit einem Freund und freute sich riesig, mich zu sehen. Wieder war er auf dem Weg, um seine Reise mit den 80 Jobs fortzusetzen. Sein nächstes Ziel: das Elephant Conservation Center in Lampang. Dort wollte er Arbeit suchen. Und wie es der Zufall so will: Genau da war ich ein Jahr zuvor gewesen und hatte gelernt mit Elefanten im Dschungel zu arbeiten. Dort verbrachte ich drei unvergessliche Tage und zwei Nächte mit „Dende", so hieß mein Elefant. Zum Schluss war es schon Freundschaft, die mich mit ihm und seinem Mahoud verband. So kreuzen sich immer wieder völlig unerwartet Wege. Der Satz „Man trifft sich immer zweimal im Leben", wurde zu einem meiner Leitmotive.

Eine humorvolle spirituelle Begegnung gab es im Jahr 2014. Zwei Nonnen aus Tibet kamen zu meiner Hütte. Die Kleidung erregte bei vielen Menschen, die über den Marktplatz schlenderten, Aufmerksamkeit. Sie waren Vertreterinnen des tibetischen Buddhismus aus Lhasa. Warum sie aus Lhasa den langen Weg nach Heidelberg gesucht hatten, kam nicht heraus. Aber sie schauten auf die Glühweinbecher und fragten nach alkoholfreiem Glühwein, den ich ja auch anbot. Die Nonnen kosteten zwei Becher vom alkoholfreien Punsch. Etwas verlegen schauten sie, wie an anderer Stelle doch etwas ganz anderes verlangt wurde: Nämlich der Heidelberger Weihnachtsmarkt Glühwein. Nett, wie ich war, bot ich den Frauen an, sie könnten auch einmal von dem Produkt probieren. Sie nahmen spontan das Angebot an. Ich füllte die Becher nur zu einem Viertel voll. Inwieweit der Alkohol hier Wirkung zeigte, kann ich nicht sagen. Aber das veränderte Verhalten, die süßen roten Bäckchen, deuteten auf die Wirkung hin. Ihr Chef, der Dalai Lama, fuhr mir ein paar Tage zuvor, in Frankfurt fast über die Füße. Sein Lächeln aus dem Auto heraus, sein entschuldigendes Zuwinken bleibt mir unvergessen. Ich befand mich damals genau gegenüber der Paulskirche in Frankfurt. Seine Limousine bewegte sich nur knapp 20 cm an meinen Füßen vorbei, und ich konnte dem Geistlichen direkt in die Augen schauen. Es waren außergewöhnliche Sekunden, Sekunden für die Ewigkeit.

Auch mit dem Fernsehen ging ich auf Reisen. Nicht in der Welt, sondern auf dem Marktplatz von einer Ecke zur anderen in meiner Hütte. Nicht dass ich nervös war, sondern ich erkannte die Chance, meinen Glühwein medienwirksam zu präsentieren, und das mal durch ein Hintertürchen.

Vor meiner Hütte baute ein Fernsehsender die Schiene für die Bewegung der Kamera auf. Mit einer zu der Zeit bekanntesten Schlagersängerin wurde eine Szene direkt vor meiner Hütte gedreht. Da ich durch mein Mitlaufen mit einer Flasche Glühwein in der Hand, das Etikett war immer in Kamerarichtung positioniert, etwas auffällig wurde, kam der Aufnahmeleiter zu mir mit dem Hinweis: „Bitte nicht immer die Flasche mit Etikett zeigen." Ich reagierte spontan, stellte fünf

Flaschen auf die Theke und blieb stehen. Die Sängerin bemerkte natürlich die Unruhe, kam zu meiner Hütte und fragte: „Kennen Sie mich?". Meine Antwort etwas verlegen: „Leider nein." Sie: „Sie sind kein Freund des modernen Schlagers?" Ich nickte. Eine ganz andere Note schlug die Begegnung mit Dirigent Gotthilf Fischer an. Dieser gastierte mit einem seiner Chöre auf dem Marktplatz und ließ es sich nicht nehmen, am Stand bei mir vorbeizuschauen.

Eine wichtige Begegnung gab es mit dem Kammerchor der Krim. Über den Freundeskreis Heidelberg-Simferopol war eine Freundschaft gewachsen. Das war auch in der Musik spürbar. Seit einer Konzertreise der jungen Kantorei Heiliggeist nach Simferopol im Oktober 2012 und dem Gegenbesuch des Kammerchors der Krim im Dezember 2012 verbindet die beiden Chöre ein intensiver freundschaftlicher Kontakt. Die Heidelberger Studentenkantorei ist der bekannte Konzertchor der Altstadtgemeinde. Gegründet wurde er 1950 durch den ersten hauptberuflichen Kirchenmusiker der Heiliggeistkirche, Bruno Penzien. Ich ließ es mir nicht nehmen, alljährlich den Künstlern und Künstlerinnen und der Chorleitung zu danken für die wunderbaren Klänge, die sie aus dem Osten mitbrachten. Jeder von ihnen bekam das schon erwähnte Heidelberger Weihnachtsmarktset. Auch der Chor bedankte sich in einer Art und Weise, die mich heute noch berührt, wenn ich die Stimmen auf YouTube höre. So erklang das historisch so bedeutsame Weihnachtslied „Stille Nacht, heilige Nacht" auch mit internationaler Note. Einige Marktbeschicker und Besucher wurden still, sie blickten dabei mit feuchten Augen zum Schloss hinauf und hielten teilweise inne. Ich war zutiefst gerührt von der ukrainischen Stimmung auf dem Heidelberger Weihnachtsmarkt.

Ich bin selbst langjähriges Mitglied des Freundeskreises Heidelberg-Simferopol. Die Anfänge der Idee einer Städtepartnerschaft lagen in der Friedensbewegung, die zu Beginn der 1980er Jahre in Heidelberg stark vertreten war. So hat die „Bürgerinitiative für ein atomwaffenfreies Heidelberg" im Jahre 1985 einen weiteren Schwerpunkt kommunaler Friedenspolitik beschlossen, nämlich die Vorbereitung und den Aufbau einer Partnerschaft mit einer Stadt in der Sowjetunion. Man gründete einen entsprechenden Arbeitskreis und begann mit einer breiten Öffentlichkeitsarbeit. In Kooperation mit der Deutsch-Sowjetischen Gesellschaft Baden-Württemberg wurde den Heidelberger Bürgern die russische Kultur nähergebracht, mit Lesungen, Musikaufführungen und Bilderausstellungen.

Zwei wichtige Menschen dieses Freundeskreises, über deren Lebenswerk ich so erstaunt bin, sind Magdalena Melter und Manfred Lautenschläger, beide in Heidelberg bekannte Menschen. Manfred Lautenschläger (*15. Dezember 1938 in Karlsruhe) ist Jurist, Mitgründer der Finanzberatung MLP und Mäzen der bekannten Manfred Lautenschläger-Stiftung.

Eines Tages standen vor meiner Hütte zwei Herren. Sie waren auf der Suche nach „Monsieur Snyder." „Ja, das bin ich", sagte ich verdutzt. Der ältere Herr stellte sich vor. Es handelte sich um Jean Pierre Lehman. Er war ein gewichtiges Mitglied der Industrie- und Handelskammer Frankreichs. Dann übernahm der jüngere Begleiter das Wort, in deutscher Sprache. Er stand im Zusammenhang mit der Gründung der Sprachschule Berlitz und agierte als Übersetzer für Monsieur Lehman. „Wir haben von Ihnen gehört", sagte er. Ziel ihres Besuches war, mich für die Mitwirkung an der Organisation eines Weihnachtsmarktes in Nancy zu gewinnen. Zwei Stunden nach dem Gespräch, ich hatte noch gar keine Möglichkeit zu reagieren, kam plötzlich Oberbürgermeister Prof. Dr. Eckart Würzner über den Platz an meiner Hütte vorbei. Ich sprach ihn wegen der Begegnung mit den beiden Herren an, und er nahm das Gespräch ernst. So empfahl er sofort eine Terminvereinbarung mit der Geschäftsführung der Heideberg Marketing GmbH. Am nächsten Tag trafen sich die Herrschaften gemeinsam mit mir und der Geschäftsführerin Vera Cornelius. Leider machte uns die Bürgermeisterwahl in Nancy einen Strich durch die Rechnung.

Unser Oberbürgermeister Prof. Dr. Eckart Würzner schaute ab und an vorbei. 2017 kam er gemeinsam mit seinem Amtskollegen Yang Sik Choi aus dem südkoreanischen Seoul mit einer besonderen Delegation, die ihn begleitete. Er lud alle zu einem Becher Heidelberger Weihnachtsmarkt Glühwein ein.

Aber es war nicht erst der Heidelberger Weihnachtsmarkt, der mich mit Promis und Weltstars zusammen brachte. Es fing alles schon früh in Schwetzingen an.

Warum?

In Schwetzingen absolvierte ich im ehrwürdigen Hotel „Löwe" eine Ausbildung zum Hotelkaufmann. In dieser Zeit stand ich mit meiner Chefin, Lore Werner, abends nach den Aufführungen im weltweit bedeutenden Rokokotheater am Buffet. Zu uns kamen in dieser Zeit immer die verschiedenen Ensembles mit hochkarätigen Schauspielern. Das nutzten viele Schwetzinger oder Interessierte aus der Region, um den „Stars und Sternchen" einmal im Leben live zu begegnen.

Irgendwann fällte die Löwe-Geschäftsführung die Entscheidung, die Ensembles separat in der Hebelstube Platz nehmen zu lassen. Ich hatte dann eine ganz besondere Aufgabe und durfte die Promis betreuen. Unvergesslich in der Rolle des „Schinderhannes" war Curd Jürgens. Er war der „normannische Kleiderschrank" und begeisterte die Kino- und Theaterbesucher – so auch das Publikum im Rokokotheater. Ich hatte das Glück, in Schwetzingen gemeinsam mit ihm unterwegs zu sein auf den Spuren seiner Lieblingsschneckennudel, die immer für ihn bereitstand. Viele Schwetzinger blieben mit staunenden, großen Augen stehen, Autos hielten an, Fahrer kurbelten die Scheiben herunter und sagten: „DA IST DER CURD JÜRGENS." Immer hatte er einen Butler bei sich, mit dem ich mich gut verstand. Curd Jürgens fand die Betreuung durch das Hotelteam so angenehm, dass er uns sein Haus auf den Bahamas für einen kostenlosen Urlaub zur Verfügung stellte. Leider hatte ich damals nicht das nötige „Kleingeld" für den Flug dorthin. Ich verehrte den Schauspieler und besuchte später im Rahmen einer Wien-Reise sein Grab auf dem Zentralfriedhof. Wie Mozart, der am 18. Juli 1763 am Hofe von Kurfürst Carl Theodor spielte, hatte er in der österreichischen Hauptstadt seine letzte Ruhe gefunden. Ich mag den Zentralfriedhof sehr.

In den Jahren, als Jürgens bei uns war, stieg ein neuer Stern am Rockhimmel in Wien auf. Hier gab es wieder eine Verbindung zu Mozart: „Rock me Amadeus" wurde ein Hit. Falco war auch mein Idol. So ließ ich mir es nicht nehmen, im vergangenen Jahr während eines erneuten Besuches des Wiener Zentralfriedhofes an die Ruhestätte von Falco zu gehen, um dort eine Flasche Heidelberger Weihnachtsmarkt Glühwein zu hinterlassen als Dankeschön für die mich inspirierende Musik, die ich über Jahre hinweg hören durfte. Diese Geste wurde von herumstehenden Fans mit Applaus quittiert. Obwohl Falco vor über 20 Jahren verstarb, ist sein Grab das am meisten besuchte auf dem Wiener Zentralfriedhof.

Auch kriminell wurde es, ohne dass es Konsequenzen hatte. Die Serie „Derrick" wurde Kult. Freitags schaltete ich den Fernseher ein, das Restaurant hatte geschlossen. Ich saß an Tisch 1, den Vorhang zur Schlossstraße geschlossen. Es war immer sehr spannend. Aber es wurde noch spannender. Ich erinnere mich noch an den Abend, Derrick war kurz vor der Auflösung des Falls, da ertönte die Hotelglocke. Ich ärgerte mich, es war gerade so aufregend. Aber ich hatte Pflichtbewusstsein, seufzte, ging etwas lustlos zur Tür und öffnete. Wer stand da? Es war

Derrick persönlich. Horst Tappert wollte einchecken. Als er sah, dass ich mir seine Serie anschaute, schmunzelte er.

Unvergesslich ist die Begegnung mit Harald Juhnke. Die gemeinsamen Stunden am Tisch, die am frühen Morgen in der Hebelstube endeten, waren voller Gespräche, und der eine oder andere Becher Wein mundete. Über den Inhalt spreche ich hier nicht. Das bleibt unser beider Ding, ich bitte um Verständnis.

Es gab noch viele Begegnungen. Nur eine sei hier noch erwähnt. Gerade feierte die größte Tennisspielerin der Welt ihren 50. Geburtstag. Immer wieder gern kommt sie in ihre Heimatstadt Brühl und auch nach Heidelberg, wo sie zeitweise lebte. Unsere Wege kreuzten sich über ihren Trainer. Der Besuch im Varieté Pegasus in Bensheim bescherte mir mehrere gemeinsame Stunden mit Steffi Graf. Der Inhaber des Varietés war ein guter Freund von mir. Ich organisierte einen tollen Abend, ohne Öffentlichkeit und Presse. Hier gab es ein gemeinsames wunderbares Abendessen, in dem Steffi Graf über viele Dinge plauderte. Der Abschluss war leider wieder ein Blitzlichtgewitter, ausgelöst von zahlreichen Paparazzi. So sieht das Leben eines Sportstars aus. Eines bleibt mir von der Begegnung, und das steht heute noch in meiner Frankfurter Wohnung. Es ist ein besonderer Stuhl, exklusiv, mit hohen Stuhllehnen. Ich entdeckte ihn in einem Heidelberger Antiquitätengeschäft, das inzwischen seinen Sitz in Berlin hat. Er gefiel mir sofort. Damals konnte ich mir das teure Objekt nicht leisten. Der Inhaber bemerkte mein großes Interesse, da ich zwei- oder dreimal wieder kam. Aber er teilte mir auch mit, ein anderer Kunde zeige Interesse. Es stellte sich heraus, es war Steffi Graf. Wir machten einen Deal. Immer, wenn ich vorbeikam, brachte ich Kohle mit. Das wurde dann an dem Stuhl mit kleinen Schnipseln, auf denen die gezahlte Summe vermerkt wurde, sichtbar. Irgendwann gehörte er mir. Wenn ich darauf Platz nehme, denke ich an den Tennisstar. Steffi kam auch noch ein- oder zweimal wieder, kaufte ihn aber nicht.

Weitere Promis, die in meinem Leben eine Rolle spielten, sind Thomas Fritsch, Grit Böttcher, Lou van Burg, Wolfgang Völz, Elke Sommer, …

Vom Verkehrsverein zur Heidelberg Marketing GmbH

1993 kam unerwartet ein Anruf vom damaligen Heidelberger Verkehrsverein. Es war die Zeit, als ich mich zum ersten Mal um eine Glühweinhütte beworben hatte: „Du bist im Boot." Im Kapitel „Wie alles begann" habe ich schon darüber berichtet. Ich wurde gebeten, in die Zentrale zu kommen. Ich lernte den damaligen Direktor Nils Kroesen und sein Team kennen. Er war mir auf Anhieb sympathisch. Heute noch schaut seine inzwischen pensionierte Mitarbeiterin, die damals für den Weihnachtsmarkt zuständig war, ab und zu vorbei und sagt „Guten Tag". Damals wusste ich noch nicht, dass der Direktor und ich bei zwei größeren, gemeinsamen internationalen Projekten zusammenkommen würden. Über ein Projekt habe ich bereits berichtet. Es handelt sich um das Projekt mit Brasilien, bei dem er mich und den brasilianischen Kulturattaché Luiz Moniz Bandeira unterstützte.

Das zweite große Projekt richtete den Blick nach Japan. Schon damals zog es mich international zu den Partnerstädten, mit dem Gedanken, dort einen Heidelberger Weihnachtsmarkt zu installieren. Ich wollte Heidelberg mit seinen bedeutenden Ensembles und seiner Kultur in die Welt hinaustragen. So kam auch der Kontakt zu Kumamoto. Sie ist Verwaltungssitz der gleichnamigen Präfektur Kumamoto auf Kyūshū, der südlichsten der großen Inseln von Japan.

Zur Förderung der touristischen Aktivitäten wurde 2007 die Heidelberg Marketing GmbH gegründet. Unvergesslich bleibt mir der Spaziergang von Nils Kroesen mit Vera Cornelius über den Weihnachtsmarkt, die nun die Aufgaben übernahm und an der Spitze der Heidelberg Marketing GmbH stand. Es folgten Mike de Vries, der heute als Vorsitzender der Geschäftsführung der ZhongDe Metal Group GmbH agiert, und aktuell Mathias Schiemer.

Die Aufgaben sind auf der Homepage der Gesellschaft beschrieben: Oberstes Ziel ist es, gemeinsam mit Partnern aus Wirtschaft und Handel, Kultur und Bildung, Religion und Gesellschaft, Politik und Verwaltung den Standort Heidelberg national und international zu positionieren. Kernaufgabe der Heidelberg Marketing GmbH ist die professionelle, weltweite Vermarktung der Stadt auf Grundlage eines ganzheitlichen, integrativen Marketingkonzeptes. Die Aufgabe umfasst die Bereiche Tourismus und Kongresse ebenso wie Wissenschaft, Wirtschaft, Kultur, Events und Einzelhandel. Das Unternehmen betreibt auch als eigenen Geschäftsbereich das Kongresshaus Stadthalle Heidelberg sowie die Tourist Informationen am Hauptbahnhof und am Neckarmünzplatz. Ebenso ist das Unternehmen der Veranstalter des Heidelberger Weihnachtsmarktes, des Heidelberger Herbstes, der Heidelberger Schlossbeleuchtung und anderen Veranstaltungen.

Die Heidelberg Marketing GmbH versucht als Koordinator möglichst viele Institutionen und Partner aus verschiedenen Bereichen zusammenzuführen und dort, wo es sinnvoll ist, zu einer abgestimmten Sprache und zu einem gemeinsamen Handeln für den Standort Heidelberg zu bewegen.

Die Energieengel und die Putzengel der Altstadt

Hinter dem Namen „Energieengel der Altstadt" verbirgt sich für uns Marktbeschicker die Firma Jordan Elektrotechnik, ohne die es keine Spannung gäbe. Was ist ein FÜ-Schalter? Wo ist er? Wie finde ich ihn? Wie sieht er aus? Warum schaltet er sich aus? Zu Beginn meiner Weihnachtsmarktzeit waren für mich all das böhmische Dörfer.

In der Nachbarschaft befand sich traditionell die Hütte mit Crêpe-Produktion. Im Laufe der Jahre habe ich auch meine eigenen Namen für bestimmte Beschicker entwickelt. Diese setzen sich aus dem Produkt und dem Namen zusammen. Mit dem Crêpe-Stand war unsere Hütte stromtechnisch verbunden. Das habe ich aber erst nach zwei oder drei Jahren erfahren.

Hier sammelte ich meine Erfahrungen, auch im stromtechnischen Bereich. Ich musste lernen, was geht und was nicht geht. Das hat locker zehn Jahre gedauert. So kam es bei unseren beiden Hütten immer wieder zu der Situation: Schicht im Schacht.

Der Schuldige war schwer zu finden. Am Anfang tönte es immer wieder: „SCHNEIDER!!!" Erst später kristallisierte sich heraus, dass ich nicht immer allein schuld war.

Immer bei diesen Blackouts kamen die Energieengel zum Einsatz. Sie eilten nach Anruf sofort als Team herbei und begannen die Ursachensuche. Das gestaltete sich wirklich nicht leicht und dauerte manchmal 20 bis 50 Minuten. Doch erfolgreich waren sie immer. Einmal war alles anders. Die Ursachensuche war zuerst erfolglos. An einem Wochenende musste dauernd der verflixte FÜ-Schalter gedrückt werden – und das über fast zwei Tage hinweg. Letztendlich dafür verantwortlich war eine defekte Heizplatte, die versteckt unter einer Matte am Boden lag. Wir hatten keine Heizplatte.

An der Spitze des Unternehmens steht Holger Jordan. Er unterstützt mich beratend nicht nur im energetischen Bereich, sondern in vielen technischen Dingen.

So weiß ich ganz genau, wie viele Kessel ich in Betrieb nehmen darf, wie die Stecker verteilt werden dürfen. Seine Jungs sorgen dafür, dass der Strom problemlos fließt.

Der Kontakt zu dem Team läuft über das Telefon und nicht über den Social Media Bereich. Wir sind den Energieengeln unendlich dankbar. Der Weihnachtsmarkt würde nicht so funktionieren, gäbe es die Gruppe „Jordan" nicht.

Auch das Team ist eingeladen, nach Feierabend einen Becher Glühwein zu trinken. Auch hier verzichte ich auf Bezahlung, um die Wertschätzung zum Ausdruck zu bringen.

Die Beziehung läuft auf geschäftlicher Ebene, private Ereignisse bleiben außen vor. Das ist eine Form der Professionalität, die mir in dem Fall entgegenkommt. Seit vielen Jahren ist die Firma eine Marke, wenn es um Elektroinstallation in Heidelberg geht.

Ein weiterer sehr wichtiger Partner sind die Heidelberger Dienste. Die Mitarbeiter huschen durch die Straßen und hinterlassen eine gut sichtbare, spürbare und riechbare Sauberkeit. Mich beschämt, dass oftmals Respektlosigkeit gegenüber dieser so wichtigen Arbeit durch das Team fühlbar wird. Was wären die Heidelberger Straßen ohne die Mannschaft der Heidelberger Dienste?

Hier gibt es sehr persönliche Noten von Seiten der Teammitglieder. So passiert es, dass Teammitglieder am Marktplatz mit ihrer Technik unterwegs sind und das gute Miteinander zum Ausdruck bringen. Es kann schon sein, wenn ein Reinigungsfahrzeug vorbeifährt, dass es Halt macht, „Saubermänner" aussteigen und mich herzlich begrüßen. Da hat sich auch eine fruchtbare Beziehung entwickelt. Ein weiteres sehr wichtiges Thema ist die Spülmaschine. Sie ist das technische Herz meines Unternehmens. Die Heidelberger Dienste haben sich bereit erklärt, uns eine Top-Maschine zur Verfügung zu stellen, zu sehr fairen Mietbedingungen. Nicht nur das: Die Männer bringen die Maschine aus dem Lager auf den Marktplatz, transportieren sie in die Hütte, schließen sie an, checken noch mal alles, stellen Spülmittel und Entkalker bereit. Sollte es technische Probleme geben, suche ich telefonisch den Kontakt. Innerhalb einer Stunde ist jemand vom Team da und löst das Problem.

Zweimal wurde es aber besonders heftig.

Es war Ausruhphase angedacht. Ich liebte es, mich ganz relaxed auf der Couch vor dem Trubel in meiner Ferienwohnung in Neckargemünd auszuruhen. Da klingelte völlig unerwartet mein Handy. Es meldete sich niemand mit Namen, sondern aus der Buchse ertönte der Ruf: „Es brennt." Was war passiert?

Die Spülmaschine war in Brand geraten, weil der Zufluss unterbrochen war und der Motor sich überhitzte. Meine Mitarbeiterin erklärte, dass die Feuerwehr schon in Anmarsch sei. Daran beteiligt waren zwei Löschzüge -und das an einem Sonntag, an dem auf der Hauptstraße viele Touristen unterwegs waren. Eine andere Mitarbeiterin griff geistesgegenwärtig zum Feuerlöscher und machte dem Feuer den Garaus. Die angerückte Feuerwehr lobte meine Mitarbeiterin, sie hätte größeren Schaden durch ihr schnelles und beherztes Handeln vermieden.

2018 fehlte plötzlich der Verbindungsschlauch von der Spülmaschine zum Wasseranschluss. Keiner wusste Rat. Es handelt sich hierbei nicht um einen normalen Wasserschlauch, sondern um einen lebensmitteltauglichen Schlauch, der sehr hochpreisig ist. Doch die Heidelberger Dienste stellten uns freundlicherweise leihweise einen Ersatz zur Verfügung. Die Zeit bis dahin mussten meine Mitarbeiter mit manueller Spülung überbrücken. Das kostete viel Zeit und damit auch Geld.

Mike, the Mechanic, und Promotion-Lucia

Ohne Mike und Lucia geht nichts bei mir auf dem Heidelberger Weihnachtsmarkt. Nicht nur, dass sie mir den Rücken freihalten, sie sind auch eine feste Note im betriebswirtschaftlichen Ablauf meines kleinen Unternehmens.

„Mike & the Mechanics" ist ein musikalisches Projekt des britischen Songschreibers und Genesis-Gitarristen Mike Rutherford. In der ersten Phase, die von der Gründung 1985 bis zum Tod des Sängers Paul Young im Juli 2000 reichte, veröffentlichte die Gruppe fünf Alben, das Projekt hatte Erfolg. Unser Mike hat über diese Band seinen Spitznamen bekommen. Er liebt einfach die Musik bei der Arbeit, und das auch bei unterschiedlichen Sounds. Er hört querbeet alle Genres. Er hat sich seinen Spitznamen „Mike, the Mechanic" redlich verdient.

Vier Tage vor dem offiziellen Startschuss ist auch Mike in den Startlöchern. Nicht nur, dass er sein Augenmerk auf den Aufbau lenkt, sondern dann müssen auch schon die Boxen aufgebaut sein, damit die Musikvibrationen ihn zu Höchstleistungen anspornen.

Mike kommt ursprünglich aus Mudau im Odenwald, hat einen Master in Economics und lebt jetzt in Heidelberg. Er ist technisch sehr versiert und gerne in der Weltgeschichte unterwegs. Sein Geld über das Jahr hinweg verdient er im gärtnerischen Bereich. Mike ist einer der wenigen, die ich kenne, die das komplette Osteuropa bereist haben. Seit sechs Jahren ist der Mann für alles mit im Boot. Damals hat er einen Abend lang am Glühweinstand ausgeholfen. Er passte ins Team, und ich sagte spontan: „Schau doch wieder vorbei!" Ich ahnte nicht, dass daraus eine so fruchtbare und unverzichtbare Zusammenarbeit entstehen würde.

Schon der Aufbau liegt in seinen Händen. Die verschiedenen Teile der Hütten, die bei einem Bauern in den Aussiedlerhöfen beim Patrick Henry Village lagern, werden mit einem LKW zum Marktplatz transportiert. Dann müssen die Teile präzise zusammengeschraubt werden. Zu dritt geht ein Team ans Werk. Das dauert für beide Hütten ca. sieben Stunden. Dann wird sich um Strom und Wasser gekümmert, immer mit dem richtigen Sound im Hintergrund. Seit Mike dabei ist, ist er Mitarbeiter des Jahres. Sein Job ist unbezahlbar.

Mit Mike, the Mechanic, harmoniert in Symbiose mit Promotion-Lucia. Lucia ist schon 17 Jahre mit auf dem Glühweinschiff. Sie hat seit über 20 Jahren in der Metropole Frankfurt (Main) eine deutschlandweit bekannte Promotion-Agentur für Musiker von A wie Abba bis Z wie Zappa. Unvergesslich bleibt mir die Begegnung mit den Musikern des Buena Vista Social Clubs über ihre Agentur. Sie schnupperte damals in das Glühweinschiff hinein und ging nicht mehr von Bord. Nicht nur der Verkauf macht Lucia Spaß. Sie macht nach dem Weihnachtsmarkt die Abrechnungen und kümmert sich auch um sämtliche Personalangelegenheiten. Dazu gehört auch die komplette Buchhaltung.

Begegnung mit einem Journalisten

Wie es der Zufall so will, begegnet man auf Reisen Leuten aus der Heimat. Das war auch bei Frank Bürger der Fall. Aber es war nicht in Heidelberg, es war nicht in Schwetzingen, sondern im fernen Berlin. Rein zufällig sind wir uns zum Austausch über das Weihnachtsprojekt „Deutsch-Russischer Weihnachtsmarkt" bei Facebook begegnet.

Zum ersten Mal trafen wir uns zum gemeinsamen Gespräch in den Spandauer Arcaden. Wir sind zwar beide gemeinsam in Schwetzingen aufgewachsen, uns aber nie erkennbar über den Weg gelaufen. Aber wir merkten sehr schnell: „Schwetzelbach" verbindet.

Wir konnten uns über so vieles austauschen: über die Heimat, über gemeinsame Bekannte und auch über den internationalen Charakter der unterschiedlichen Projekte.

Frank Bürger hat die Heimat 1996 nach Absolvieren des ersten und zweiten theologischen Examens verlassen. Seine Jugendzeit in Schwetzingen fand den Niederschlag in einem Büchlein von Viola Eigenbrodt. Unverkennbar: seine Liebe zu Schwetzingen, dem Schlossgarten und darüber hinaus zu dem, was Schwetzingen und die Region wirklich prägt.

Der Begegnungen dort waren viele. Intensiv geprägt hat ihn die Verbundenheit zu seinem Musiklehrer Werner Boll, der ihm die Türen nach Bayreuth und der damit verbundenen Welt geöffnet hat. Frank Bürger wurde Träger der Hebel-Gedenk-Medaille der Stadt Schwetzingen aufgrund seiner kulturellen Verdienste für die Festspielstadt. Zudem bekam er ein Stipendium des Richard-Wagner-Verbandes Heidelberg, mit dem er viele Jahre eng verbunden war.

Auch hat er sich sehr intensiv mit der Bedeutung des Besuches von Wolfgang Amadeus Mozart in Schwetzingen beschäftigt, auch im Hinblick auf die Verbreitung freimaurerischer Gedanken in der Region. Der berühmte Komponist Wolfgang Amadeus Mozart (1756-1791) hat Schwetzingen gleich dreimal besucht:

1763 als siebenjähriges Wunderkind mit seiner Familie und später als Musiker und Dirigent in den Jahren 1777 und 1790.

Frank Bürger ist ein Reisender. Die Partnerschaft der evangelischen Kirchengemeinde Schwetzingen mit der Kirchengemeinde in Potsdam-Babelsberg führten ihn nach Potsdam, später dann journalistisch in die Uckermark, nach Frankfurt (Oder), nach Berlin und Sachsen-Anhalt. Vier Jahre war er verantwortlicher Redakteur der Zeitschrift „Frohe Botschaft."

Die Frohe Botschaft, 1897 erstmals als Verteilblatt für die „sonntagslosen" Menschen, die am Sonntag nicht zum Gottesdienst gehen konnten oder wollten, in Berlin erschienen, will auch heute die frohmachende Botschaft von Jesus Christus, die allen Menschen angeboten werden soll, mit den Mitteln einer Zeitschrift weitergeben.

Hierüber wurden die Bande in das Kloster St. Georg in Götschendorf und auch nach Moskau geknüpft.

Das war für mich natürlich interessant. Ich begleitete ihn bei Besuchen auf dem deutsch-polnischen Landhof Arche in Groß Pinnow, wo es auch Begegnungen mit Ukrainern und Polen gab.

Intensiv waren die Besuche im russisch-orthodoxen Kloster. Hier konnten viele Weichen für den geplanten deutsch-russischen Weihnachtsmarkt gestellt werden. Es gab darüber Berührungspunkte zu wichtigen Playern der Beziehungen, wie den ehemaligen brandenburgischen Ministerpräsidenten Matthias Platzeck sowie Hertha Däubler-Gmelin, die Mitbegründerin des Petersburger Dialogs.

Eine Begegnung mit weitreichenden Folgen.

So wurde mein Blick noch mehr geweitet für die russische Kultur und das russische Leben. Ein paar Kilometer weiter, auf Schloss Wartin, wurde über die Professoren Mengel und Elworthy die Beziehung intensiviert. Dort ist die Stiftung „Collegium Wartinum" entstanden, mit europäischem und internationalem Gedanken. Auch Hertha Däubler-Gmelin hat in der Stiftung ihre Spuren hinterlassen. Die Studenten dort kommen aus Yale und auch aus Barnaul. Barnaul (russisch: Барнаул) ist die Hauptstadt der russischen Region Altai im Süden Westsibiriens.

Der Journalist lebte und arbeitete als Redakteur auch in Schwedt, wo sich gerade wie im Kloster Götschendorf das Weltunternehmen Rosneft mit Millionensummen einbringt.

Ich lernte Frank Bürger über unsere Verbundenheit zur Stadt Schwetzingen kennen. Es folgten gemeinsame Reisen nach Schwedt, Spandau, Berlin, nach Polen, in das Kloster St. Georg in Götschendorf, wo intensiv an diesem Buch gearbeitet wurde. Inzwischen hat er mit der Familie in Berlin-Spandau Heimat gefunden.

Es wird pink auf dem Marktplatz

Der Pink Glühwein, über die Herstellung habe ich schon berichtet, war auf einmal da. Doch nun kam die Frage: Wie führen wir dieses Produkt ein?

Ich wollte wieder etwas Neues in den Weihnachtsmarkt einbringen, etwas woran noch niemand gedacht hatte, obwohl es auf der Hand lag – eine Stadt mit so vielen Studenten. Ich wollte etwas für die verquere Community Heidelbergs tun. Ich wollte sie zusammenbringen, auf dem Heidelberger Weihnachtsmarkt, wie man es auch in anderen Großstädten finden kann.

Meinem sehr guten Freund Holger unterbreitete ich meine Idee. Diese wurde diskutiert und ausgefeilt: Der besondere Glühwein sollte verbunden werden mit einem Treffpunkt von Lesben, Schwulen und der ganzen „queeren" Community. Er war von der Idee begeistert und bot mir seine Hilfe in der Umsetzung an. Nachdem wir lange diskutiert hatten, meinte er, dass diese Idee nur mit der Hilfe von einem Mann zu erreichen ist. Dann griff mein Freund zum Hörer und rief Wolfgang Erichson, Bürgermeister für Integration, Chancengleichheit und Bürgerdienste (Seit 01.09.2015 heißt das Dezernat „Umwelt, Bürgerdienste und Integration.") an.

So kam es zu einem ersten Treffen bei Bürgermeister Erichson in seinem Büro, der wiederum von der Idee, die „Queer Community" zusammenzubringen, aber auch damit einen wohltätigen Zweck zu erfüllen, begeistert war und mir seine Hilfe zusagte.

Dank ihm kam es dann zu dem nun bekannten PINK MONDAY – Kann man was Besseres als den Pink Glühwein zu diesem Anlass servieren?

Wolfgang Erichson holte sofort alle an seinen runden Tisch, die für dieses Projekt wichtig waren, um es erfolgreich umzusetzen: Weingut Adam Müller, Aidshilfe Heidelberg e.V., Heidelberg Marketing, Holger und meine Wenigkeit.

Alle waren von der Idee begeistert und sind Wolfgang Erichson dankbar über seinen großartigen Einsatz, denn ohne ihn wäre die Realisierung nicht möglich gewesen. Aber auch allen anderen bin ich dankbar für ihr Engagement, ihre Hilfe und großzügigen Spenden.

Aber soweit waren wir an dem runden Tisch noch nicht.

Wir kamen überein, einen eigenen Becher für diesen Tag zu kreieren. Zu sehen waren zwei sich küssende Weihnachtsmänner. Vom Erlös der verkauften Becher wurde der Einkaufspreis abgezogen. Das Restgeld wanderte komplett zur Aidshilfe. Pro Liter verkauften Pink Glühwein kamen weitere Euros in die Kasse der Aidshilfe.

Bürgermeister Erichson eröffnete 2015 ab 18 Uhr den ersten PINK MONDAY. Die Show ging los mit den RosaKehlchen. Die RosaKehlchen sind eine Gruppe von etwa 20 schwulen Männern aller Altersstufen, die Spaß am gemeinsamen Singen haben. Sie wagen sich ins Spannungsfeld zwischen musikalischem Anspruch und witziger Unterhaltung und versäumen zwischen politischem und gesellschaftlichem Engagement nicht, sich und die schöne schwule Welt selbstironisch auf die Schippe zu nehmen. Das Repertoire reicht vom Barock über die Comedian Harmonists bis hin zu modernen Pop-Bearbeitungen, vorgetragen zum Klavier oder a cappella. Altbekanntes nimmt durch in der Regel selbst geschriebene Texte manchmal eine unerwartete Wendung. Auch szenisch-choreographisch kann man etwas anderes als von einem eher traditionsorientierten Männergesangsverein erwarten.

Hinzu kam eine berauschende Atmosphäre: Die Stadt hatte veranlasst, dass die Gebäude am Rathausplatz in Pink angestrahlt wurden. So was hatte Heidelberg noch nicht gesehen.

„Woinem Brass" war ein weiterer Gast auf der Bühne. Das Ensemble besteht aus ambitionierten Schülern aus Weinheim und der näheren Umgebung im Alter zwischen 14 und 23 Jahren. Laut der Homepage ist die Besetzung variabel und reicht von zwei Trompeten und Posaune bis hin zur kompletten Besetzung von aktuell fünf Trompeten, zwei Posaunen, Tuba, Drum Set und Klavier. Das Repertoire umfasst die gesamte Musikliteratur: klassische Musik, Jazz, Filmmusik und moderne Blasmusik.

Ein Gast, der mir besonders ans Herz gewachsen ist, ist die Performerin Angie Taylor. Die Bassistin begeisterte mit ihrer speziellen Musik die Besucher beim PINK MONDAY 2016. Im Februar 2012 wurde Angie Taylor mit dem Helene-Hecht-Preis ausgezeichnet, einem Preis, der an Künstlerinnen aus der Metropolregion verliehen wird. Sie erhielt die Auszeichnung in der Kategorie „Ausübende Künstlerin." Ausgelobt wurde der Helene-Hecht-Preis 2012 im Bereich „Populäre Musik". Zudem erhielt die Musikerin 2019 ein Stipendium des Lions Clubs, das mit 5.000 Euro dotiert ist.

Eine weitere Attraktion waren 2018 die Musiker und Künstler der Formation „Beatschuppen" aus Heidelberg. Was sie charakterisiert: ein Orkan aus Funk, Rock´n´Roll und Soul. Tristan, der Kopf der Band, ist der Sohn eines alten Freundes von mir. Mit ihm zusammen besuchte ich das Boxberg-Gymnasium. So wurde der Kontakt hergestellt.

Seit 2018 gibt es eine weitere Attraktion: Die Altstadtgemeinde Heiliggeist-Providenz stieg mit ins Boot. Pfarrer Vincenzo Petracca stellte sechs pinke Scheinwerfer in der Heiliggeistkirche auf und ließ sie Pink erstrahlen. Zudem erklärte er sich bereit, den PINK MONDAY auf der Bühne zu eröffnen, nachdem Wolfgang Erichson krankheitsbedingt ausfiel.

Die Menschen lieben den PINK MONDAY, und es ist jedes Jahr auf ein Neues schön all die strahlenden Gesichter der vielen glücklichen Menschen zu sehen.

Ich freue mich und bin stolz an einem so tollen Projekt in Heidelberg teilhaben zu dürfen.

Was verdient man wirklich im Glühweingeschäft?

Beim Googeln findet man unendlich viele Seiten über Weihnachtsmärkte, manche witzig, andere mit viel Inhalt. Das Schmökern der verschiedenen Seiten ist oft langweilig, manchmal erheiternd. Es werden die schönsten vorgestellt, es kommen Nischen zur Sprache. Oft locken heutzutage auch Bauernhöfe, Gärtnereien, Möbelmärkte, Baumärkte und viele andere Häuser und Geschäfte mit Wochenendweihnachtsmärkten. Warum wohl? Die Pointe dabei: Eigentlich ist die Antwort ganz leicht.

Es geht nicht in erster Linie um die glitzernden Kinderaugen, die sich in die leckeren Süßigkeiten oder gebastelten Engel saugen. Es geht primär auch nicht um die Geselligkeit, das Zusammenkommen an einem Tisch neben dem Glühweinausschank, wo man sich über Weihnachtsgeschenke oder auch Tagespolitik in ausgelassener Runde austauscht.

An erster, vorderster Stelle geht es meistens um Geld und Profit. Überrascht einen das?

Wir gehen zeitlich zurück zu den Anfängen der Zeit auf dem Weihnachtsmarkt, die ich ja im ersten Kapitel ausführlich geschildert habe. Unvergesslich bleibt mir das erste Gespräch mit einer Kollegin beim Markttreiben. Es war am Abend. Überall strahlte das Licht. Es war so beeindruckend, nach oben zum Heidelberger Schloss zu schauen und dann Teil dieses Geschehens vor dem Christfest sein zu dürfen. Die Kinderaugen strahlten beim Verzehr von gebrannten Mandeln. Von der so altehrwürdigen Heiliggeistkirche, ein Zentrum der Reformation, erklangen die Glocken. Ich war wirklich nachdenklich und auch dankbar beim Zählen des Geldes.

So vertieft in mein Wirken spürte ich plötzlich eine Hand auf meiner Schulter. Etwas erschrocken drehte ich mich um. Da stand Frau S., ich kannte sie nur flüchtig. Sie hatte in gar nicht so weiter Entfernung eine Gastro-Hütte. Ihre erste Frage: „Wie läuft es bei Ihnen?" Über mein Gesicht huschte ein Lächeln. Denn das Ergebnis war mehr als zufriedenstellend. Viel war in den letzten Tagen zusammengekommen. Damit hätte ich niemals gerechnet. Die Zahl verriet ich der Dame jedoch nicht. Ich hatte nur ein Wort auf den Lippen, das ich immer wiederholte: „Super, super, super", sagte ich freudig grinsend.

Der Gesichtsausdruck der Kollegin änderte sich schlagartig. Nichts mehr war von einer vorweihnachtlichen Freude abzulesen. Kühl und sehr sachlich sagte sie: „Herr Schneider, so geht das nicht." Ich verstand überhaupt nicht, was sie damit zum Ausdruck bringen wollte. Doch sie fuhr fort: „Jammern, jammern, jammern", wiederholte sie. „Und das bei jedem. Beim Veranstalter, bei den Gästen." Ich musste lange über diese Worte nachdenken, bis ich begriff und mich für meine eigene Philosophie entschied.

„Erst der Kunde, dann das Geld." Diese Philosophie lebe ich seit 25 Jahren. Es gab dunkle Stunden. Aber ich bin diesem Denken treu geblieben, bis zur heutigen Zeit.

Bis 2008 konnte ich von dem Gewinn nur sehr bescheiden leben. Es war sehr viel Fleiß, sehr viel Engagement auf dem Weihnachtsmarkt gefragt. Parallel dazu arbeitete ich mehrmals im Monat in Frankfurts bestem Catering Unternehmen und hatte das Glück, beim Aufbau der Klassikstadt mit dabei zu sein.

Die vielen Ideen und Aktionen in den Folgejahren, das ständige Bemühen um die Gunst der Gäste ließen den Verdienst steigen. Voraussetzung dafür war auch die Qualität des Produkts. Ich bekam auch viel Hilfe beim Marketing. So unterstützten mich verschiedene TV-Sender, Radio und Printmedien, immer mit viel Elan und Schwung.

Aber eines ist klar festzustellen: Die Arbeitszeit beschränkt sich auf vier Wochen im Jahr. Davon träumt natürlich jeder. Der Weg bis dahin dauerte aber zwölf Jahre. Ich bin ein ganz kleines Licht im Vergleich zu vielen Kollegen.

Nun ist der Heidelberger Weihnachtsmarkt seit zehn Jahren meine Existenzgrundlage. Das in dieser Zeit Ersparte stecke ich nun in eine neue Attraktion für den Heidelberger Weihnachtsmarkt 2019 (das Heidelberger Glühwein Schloss auf dem Marktplatz).

Vor vielen Jahren kam es auch zur „dunkelsten Stunde."

Im Jahre 2000 gab es den Versuch, mich vom Heidelberger Weihnachtsmarkt zu verdrängen, um an das Geschäft mit dem Glühwein heranzukommen. Dabei war jedes Mittel recht. Es gab Gespräche, es gab Drohungen, es gab versuchte Manipulationen. Am Ende hatte ich einen Joker in der Hand, der meine Existenzgrundlage sicherte. Es ist nur ein Zeichen dafür, dass es oft ein Geschmäckle gibt, wenn es um Geld und Macht in entwickelten Strukturen geht. Und manchmal passiert das Unfassbare.

Aber es gibt auch Hoffnung machende Geschichten. Dazu zählt die wachsende Zahl an Ständen von Privatunternehmern, die kundenorientiert arbeiten, mit viel Liebe zum Detail. Und hier kommt meine eigens entwickelte Philosophie zum Tragen: erst der Kunde, dann der Euro. Der Weihnachtsmarktbesucher spürt etwas von dem ethischen Ansatz. Langfristig garantiert eine solche Denkweise finanziell mehr Erfolg als der geradlinige Blick auf die Moneten und den Euro in der Tasche des Kunden.

Ohne die Löwen läuft nichts

Als vor 17 Jahren eine große Hütte auf dem Weihnachtsmarkt / Marktplatz aufgebaut wurde, wunderte ich mich sehr. Die Größe der Hütte war schon überwältigend. Und wie alle anderen war ich neugierig, wer hier aktiv wurde und was in der Hütte passieren sollte.

Ich kam schnell mit den Schreinern dort ins Gespräch und erfuhr, dass es der Stand des Lions Club Heidelberg werden sollte. Ich war freudig überrascht, dass sich hier eine neue Attraktion ansiedelte. Ich recherchierte und wurde auf der Homepage der Lions fündig.

Der Lions Club Heidelberg gehört zu den ersten Lions Clubs, die ab 1952 in Europa gegründet wurden. Die Schaffung von persönlichen Kontakten und die Bildung von Vertrauen über die Gräben hinweg, die der zweite Weltkrieg geschaffen hatte, waren das zentrale Anliegen der Gründergeneration des Clubs.

Der internationale Dialog und die Weiterentwicklung des europäischen Gedankens sind auch heute Themen, für die sich die Lions einsetzen. An der Gründung waren – wie in Heidelberg nicht anders zu erwarten – viele Persönlichkeiten aus dem universitären Bereich beteiligt. Die Verbindung zwischen dem akademischen Bereich und vielfältigen wirtschaftlichen und sozialen Aktivitäten ist ihnen auch heute noch ein wichtiges Anliegen, das sich auch in der Zusammensetzung der Mitglieder widerspiegelt.

Besonders erwähnenswert ist nach einem Medienbericht die Tatsache, dass die Hütte in den letzten zehn Jahren 180.000 Euro an Spenden gesammelt hat.

Die Teams an den Hütten unterstützen sich gegenseitig. Die ehrenamtlichen Lions-Mitarbeiter, vor denen ich immer den größten Respekt habe, bekommen als Anerkennung ab und an eine Runde ausgeschenkt, die ich gerne selbst auf einem Tablett im wunderbar geschmückten Haus des Weihnachtsmannes serviere.

Auch mir ist es ein großes Anliegen, die Lions zu unterstützen. Unsere Gäste weise ich darauf hin, nach dem Genuss des Heidelberger Weihnachtsmarkt Glühweines, diese weihnachtliche Stimmung auf dem Markt mit einem schönen Bild bei den Kollegen der Löwen festzuhalten. Seit die Lions ihr Haus des Weihnachtsmannes auf dem Marktplatz eröffnet haben, ist die Besucherzahl auf dem Marktplatz jedes Jahr gestiegen.

Von der Ostsee an den Neckar: Eine neue Ära beginnt

Er hat ein besonders romantisches Flair: der Heidelberger Weihnachtsmarkt. Besondere Noten setzen internationaler Tourismus verbunden mit der Tradition einer gewachsenen Universitätsstadt. Blicke gehen nach Süden, nach Norden, nach Westen und auch nach Osten. Von Anfang meiner Zeit auf dem Marktplatz an gehen mir Gedanken durch den Kopf: Was kann man schöner, was besser machen auf dem Heidelberger Weihnachtsmarkt? Früh bastelte ich gedanklich an einer neuen Attraktion: Wie groß? Wie sollte sie aussehen? Wie passt sie in die „Feine?" Wie wird die Verbundenheit zu meinem Heidelberger Weihnachtsmarkt Glühwein gezeigt?

2018 suchte man von Seiten des Heidelberger Veranstalters eine neue Attraktion für den Heidelberger Weihnachtsmarkt 2019.

So machte ich mir Gedanken über eine neue Hütte, die zu Heidelberg passt. Ich kam auf die Idee einer Kurfürstenstube, die nach dem Stil der Kurfürstenstube des altehrwürdigen Hotels Europäischer Hof gestaltet werden sollte. Von mir angedacht war Platz für 20 bis 25 Personen, die dort an bestuhlten Tischen aus einer Höhe von 4,5 Metern dem Markttreiben bei einem Becherchen Heidelberger Weihnachtsmarkt Glühwein zuschauen könnten. Mein zukünftiger Hüttenbauer war sehr angetan von meiner Idee, plante aber zuerst eine Attraktion, die weit mehr als 30 Personen in der Kurfürstenstube unterbringen konnte. Begeistert zeigte er mir seinen Plan, den ich jedoch verwerfen musste. Die Maße waren in der öffentlichen Ausschreibung klar vorgegeben, das Bodenmaß durfte fünf mal fünf Meter nicht überschreiten. „Daran haben wir uns zu halten", sagte ich ihm. Der Hüttenbauer ist es gewohnt, große Holzkonstruktionen zu bauen und machte sich an eine neue Planung, mit der ich dann sehr zufrieden war.

Leider wurde meine Bewerbung abgelehnt.

Mir kam dann eine wunderbare Alternative in den Sinn. Ich verzichtete auf die Kurfürstenstube und plante stattdessen einen Aufsatz mit einem Nachbau des Heidelberger Schlosses in verkleinerter Form: Über eine Illumination erstrahlt das Schloss in denselben weichen Farben wie das Original. So schaut der Besucher am Abend zuerst auf das Heidelberger Glühweinschloss und dann auf das Original. Die Größe ist nun fünf mal vier Meter mit einer Höhe von fünf Metern. Diese Hütte passt auch wunderbar in das neue Konzept des Veranstalters, den Heidelberger Marktplatz nach Heidelberg Motiven auszurichten. Wenn etwas Heidelberg symbolisiert, ist es das Schloss. Der Name war auch schnell gefunden. „Das Heidelberger Glühwein Schloss."

Diese Idee ließ ich erneut von meinem Hüttenbauer Tomasz (Tomek) Bystron und seinem Architekten ausarbeiten. Tomek lernte ich während des Weihnachtsmarktes 2018 in Breslau kennen. Zuvor war ich mit Mike, the Mechanic, auf dem Weihnachtsmarkt in Manchester / UK, den ein Bekannter von mir vor über 20 Jahren mit aufgebaut hat und der heute einer der meist besuchten Weihnachtsmärkte Englands ist. Dort schauten wir uns von Tomek gebaute Hütten an und waren überwältigt von der Kunst, Weihnachtsmarkthütten zu gestalten und zu bauen. Noch in Manchester vereinbarte ich ein erstes Treffen mit ihm in Breslau. Mir war bekannt, dass Breslau einen der Top-Weihnachtsmärkte in Europa hat und in Polen die Nummer eins. Ich wusste, dass hier die Marke Tomek voll vertreten war, auch mit einer besonderen Sensation: ein Glühweinpalast über drei Etagen mit einem Fassungsvermögen zwischen 450 und 600 Menschen. Schnell saß ich im Flugzeug nach Breslau. Tomek traf ich direkt auf dem Weihnachtsmarkt. Er machte mit mir einen Spaziergang über den Platz und zeigte mir die verschiedenen Kunstwerke und Attraktionen, die er entwickelt und gebaut hatte. Ich war sprachlos. Noch nie zuvor hatte ich solche Möglichkeiten wahrgenommen, einen Weihnachtsmarkt grandios in Szene zu setzen. Und ich habe international viele Weihnachtsmärkte besucht. Aber diese Art der Gestaltung hatte ich noch nirgends gesehen. Wenn ich etwas Neues in Angriff nehmen würde, mussten es die Hände von Tomek sein, die die Arbeiten dazu ausführten. Bei dem Anblick wurde mir sofort klar: Ich musste etwas Einmaliges in Heidelberg präsentieren.

Im März 2019 flog ich zum ersten Mal nach Danzig. Etwa 100 Kilometer davon entfernt, in Tuchola (Pommern), hat er seine Werkstatt. Er holte mich vom Flughafen ab. So hatten wir eine Stunde Zeit, um uns zu beschnuppern. In Tuchola selbst war ich bei einem Rundgang durch Werkstatt und Lagerhallen überwältigt von dem Repertoire, das er anzubieten hatte: Weihnachtspyramiden, große Hütten mit Selfie-Points auf dem Dach und andere Weihnachtsmarktverkaufsstände. So hatte er die höchste Weihnachtspyramide der Welt mitgebaut.

Zu Beginn konstruierten wir auf dem Boden die Grundfläche mit den vorgegebenen Maßen 5 m x 4 m aus Holzlatten. Wir testeten aus, wo die Mitarbeiter am Werk sein sollten und die Infrastruktur an der Hütte, alles aus den Augen des Besuchers.

Und jetzt kam die ganz besondere Attraktion an die Reihe: das Schloss, das auf der gesamten Grundfläche in einer Höhe von 2,30 Metern nachgebaut werden sollte. Das war die große Herausforderung. Für mich war es faszinierend nun eine ganz neue Weihnachtsmarktattraktion in das Stadtflair von Heidelberg einzubringen: das „Heidelberger Glühwein Schloss." Ich erteilte Tomek den Auftrag und investierte mein in den letzten 12 Jahren Erspartes in dieses Projekt.

Die Hütte wurde so konstruiert und gebaut, dass bei Bedarf die Kurfürstenstube gebaut und auf die Hütte gesetzt werden kann. Das Schloss käme dann auf die Kurfürstenstube, die für 12 bis 15 Personen Platz hätte.

Vielleicht eines Tages ...

Warum das Schloss?

Das Heidelberger Schloss ist wohl die berühmteste Ruine der Welt. Steil über dem Talgrund am Nordhang des Königstuhls, der auch immer wieder viele Touristen zum Wandern und Verweilen einlädt, erhebt sich die Schlossruine aus rotem Neckartaler Sandstein. Sie dominiert das Bild der Altstadt von Heidelberg. Für Maler und Poeten waren um 1800 die malerisch über dem Neckar gelegenen Überreste vom Schloss der Inbegriff der Romantik, der eine Epoche prägte. In Gedichten, Liedern und Bildern setzten sie der „Feinen" ein Denkmal.

Um 1900 wurde ein möglicher Wiederaufbau vom Schloss Heidelberg diskutiert. Ein mächtiges Schloss, zerstört und aus dem Dornröschenschlaf zu alter Pracht wiedererweckt, traf den Geschmack vieler Zeitgenossen. Die Vertreter der Denkmalpflege setzten sich letztendlich durch. Man setzte auf das „Bewahren" des Schlosses als Ruine.

Tomek flog für einen Tag nach Heidelberg. Den ersten und entscheidenden Blick auf das Schloss bekam er bei einem gemeinsamen Frühstück im Cafè Gundel auf dem Karlsplatz.

Wir verbrachten einen ganzen Tag am, im und um das Schloss herum. Er studier-te Geschichte und Architektonik des für Millionen von Touristen interessanten Baus. Ich stand auf der Schlossterrasse, und wir blickten auf den einzigen Wein-berg gegenüber des Schlosses: den Sonnenhang vom Weingut Adam Müller, dem Herzen des Heidelberger Weihnachtsmarkt Glühweins.

Eine historische Anmerkung mit Bezug zu Polen und zur Reformation in Heidelberg:

Ich interessierte mich sehr für den Bezug des Schlosses zu unseren Nachbarn. Beim Recherchieren verschiedener Quellen entdeckte ich Folgendes: Ottheinrich führte 1557 den Protestantismus in der Kurpfalz ein und förderte die Wissenschaft. Seine Bibliothek, die Bibliotheca Palatina, galt als eine der bedeutendsten seiner Zeit. Aufgrund seiner Lebensführung drohte Ottheinrich der Bankrott. In seinen Besitz kam den Geschichtsbüchern nach auch ein Schuldschein aus dem Nachlass seiner Großmutter Hedwig. Dieser Schuldschein über 32.000 Gulden, ausgestellt von König Kasimir IV. von Polen aus Anlass der Heirat seiner Tochter Hedwig mit Georg dem Reichen, war vom polnischen Königshof jedoch nie aus-gezahlt worden. Ottheinrich ließ Zins und Zinseszins errechnen und kam auf die Summe von 200.000 Gulden. So brach Ottheinrich 1536 zu seinem Großonkel, dem polnischen König Sigismund I., nach Krakau auf. … Eine wirklich spannende Geschichte, die durch mehrere Quellen belegt ist.

Nun engagiert sich auch ein Pole für das Heidelberger Schloss und muss nicht für die Bezahlung kämpfen. Vielleicht ist das der erste Nachbau des Heidelberger Schlosses auf polnischem Boden und von polnischer Seite?

Deutsche Weihnachtsgrüße nach Moskau

Schon früh kam ich mit der russischen Kultur in Kontakt. Eine meiner wichtigsten Bekanntschaften in meinem Leben war eine wunderschöne Russin aus Kasachstan. Meine ersten näheren Begegnungen mit ihr gab es in Heidelberg und Ketsch. Nach einem wunderbaren Nachmittag im Restaurant Seehotel am Anglersee in Ketsch verbrachten wir bei einem Freund von mir im Zirkus Flic Flac einen unvergesslichen Abend.

Nach dem Kennenlernen besuchten wir ihre Eltern, und dort lernte ich zwar nicht das russische Männerhandwerk kennen, ich stehe heute immer noch mit dem Handwerk auf Kriegsfuß, aber dafür meine Leidenschaft, die russische Küche. Eine besondere Spezialität sind Pelmeni. Das sind Teigtaschen, gefüllt mit verschiedenen Köstlichkeiten nach Wunsch, in der Regel mit Fleisch. Eine weitere russische Spezialität, die ich auch heute noch immer gern im Kloster St. Georg in Götschendorf esse, ist Borschtsch. Und ich liebe es, Schaschlik zu grillen.

1998 war ich mit meiner russischen Freundin in der Nähe von St. Petersburg mit einem gemieteten Wagen am Finnischen Meerbusen unterwegs. An einem wunderbaren Strandrestaurant hielten wir. Am Strand war ein schwimmender Ponton, auf dem eine edel eingedeckte Speisetafel stand. Überspannt wurde das Ganze mit einem Dach. Dies war natürlich nicht für uns.

Nachdem wir gegessen hatten, ging ich in das Restaurant und versuchte auf Russisch etwas zu bestellen, fragende Augen bei der Bedienung, sie verstand mich nicht. Plötzlich stand ein sehr elegant angezogener Herr neben mir und fragte mich in einem akzentfreien Deutsch, ob er mir helfen könne. Ich bat ihn, eine typische Süßspeise aus dieser Region für uns zu bestellen. Ich bedankte mich und ging zurück zu meiner Freundin ins Strandrestaurant. Nach zirka fünf bis sechs Minuten kam der elegante Herr mit der Bedienung zu uns, sie servierte uns eine wunderbare Nachspeise. Der Herr stellte sich in Russisch meiner Freundin vor und fragte mich in Deutsch, ob er sich etwas zu uns setzen dürfe. Freudig erwiderte ich: „Sehr gerne." Eine spannende Unterhaltung begann: Er erzählte, dass er mit Deutschland sehr verbunden sei, sich ehrenamtlich für das Rote Kreuz um deutsche Kriegsgräber in der Region kümmere und einen sehr engen Bezug zu Deutschland habe. Ich war sehr von dem Herrn angetan und fand ihn auch sehr sympathisch.

Plötzlich klingelte sein Telefon, er stand auf, entschuldigte sich für den schnellen Aufbruch mit den Worten, sehr hoher politischer Besuch sei hier, und er werde benötigt. Schade.

Wir blieben noch zirka 30 Minuten, bezahlten und wollten gerade aufstehen, als der nette Herr mit vier Männern, davon zwei in militärischer Uniform, und einer Dame nach unten zum Ponton lief. Alle nahmen dort Platz.

Wir standen auf und wollten zu unserem Chauffeur gehen, der bereits wartete, als ich sah, wie der nette Herr aufstand und mir zuwinkte zu kommen. Erst stellte ich mich der Dame vor, dann den vier Herren. Ich erschrak, den einen Herrn in Uniform, einen General, kannte ich aus dem Fernsehen, er war meist an Boris Jelzins Seite zu sehen. Ich fühlte: Hier sitzen ganz besondere Menschen. Das kam auch während eines zirka 45-minütigen Gesprächs heraus. Mein sympathischer Herr war der persönliche Dolmetscher von Boris Jelzin und auch oft an seiner Seite. Er sagte, dass Jelzin im Augenblick hier vor Ort sei und sie deshalb alle hier wären. Es war aufregend mit diesen Menschen an einem Tisch zu sitzen und zuhören zu dürfen. Die zwei anderen Herren waren verschwiegen, so wie man es kennt von Behörden, deren oberste Maxime das Schweigen ist. Auf die Unterhaltung möchte ich auch nach 22 Jahren nicht näher eingehen. Es war ein wunderbares und schönes Treffen mit Menschen, die ich vorher nicht kannte.

Mein sympathischer Herr lud mich auf seine Datscha nahe St. Petersburg ein. Leider war die Zeit zu kurz und der Rückflug stand an. So gerne hätte ich ihn nochmals gesehen, er hat mich sehr beeindruckt. Am Tag zuvor war ich zu einer Führung im Sommerpalast von Zarin Katharina und habe an einer festlich gedeckten original Tafel erfahren, dass sie im Winter gerne Glühwein trank … глинтвейн / glintveyn.

Dies war der Tag, an dem die Idee entstand, aus der später die Vision wurde, einen deutschen Weihnachtsmarkt in Russland zu organisieren und Glühwein (Katharinas Glühwein) und andere Köstlichkeiten zu verkaufen. Es vergingen viele Jahre bis ich in die Umsetzungsphase dieses Projekts kam. Der Gedanke aber hat mich seit diesem Ereignis immer begleitet.

Die Umsetzungsphase begann erst auf dem Heidelberger Weihnachtsmarkt 2011. Hier tauchte an meiner Hütte in Begleitung einer Delegation Aleksander Agajef, der Kollege unseres Oberbürgermeisters Prof. Dr. Eckart Würzner auf. Zwei Tage hatten wir Zeit, ins Gespräch zu kommen. Der Weihnachtsmarkt und Visionen dazu bewegten mich dabei auch. Wie so oft, war ich spontan und direkt. Meine Frage: „Wie finden Sie den Heidelberger Weihnachtsmarkt?" Auch die Antwort von Agajef kam ganz spontan. „Wollen haben!" Meine schnelle Antwort: „Kostet viel!" Seine Reaktion: „Haben viel Geld!"

Vier Wochen später kaufte ich mir ein Flugticket und machte die erste Reise nach Simferopol auf die Krim. Dort vermaß ich den Leninplatz in der Mitte Simferopols. Dieser erschien mir besonders geeignet für einen Heidelberger Weihnachtsmarkt. Doch nun stand die große Frage im Vordergrund: Wie umsetzen?

So kam es zu einem großen Treffen mit der politischen Prominenz Simferopols, an ihrer Spitze Herr Agajef. Die Frage wurde an mich gestellt: „Was wollen Sie, Herr Schneider?" Nun erklärte ich meine Idee von einem deutsch-russischen Weihnachtsmarkt auf dem Leninplatz. „Für wen soll das denn sein?", folgte als nächste Frage. „Nicht nur für die High Society, sondern für alle Menschen in der Stadt", antwortete ich mit großen Augen. Die Menschen einer Stadt sind die Seele eines Weihnachtsmarktes. Zuerst herrschte eisiges Schweigen. Doch dann kam riesengroßer Beifall. Ein Anfang war gesetzt.

Die Verwaltung wollte den Weihnachtsmarkt sofort haben. „Das bekommen wir in diesem Jahr nicht mehr hin. Wir müssen Arbeitsgruppen in Simferopol und Heidelberg bilden. Dann kommt das alles in die Form", sagte ich. Nun war die Frage zu klären: „Was wird für einen solchen Weihnachtsmarkt gebraucht?" Die Verwaltung in Simferopol sollte dafür sorgen, dass deutsche Beschicker und ihr Personal untergebracht werden. Strom- und Wasseranschlüsse, Infrastruktur, Reinigungsdienste, Security, lokale Promotion sowie 30 Hütten sollten kostenlos vor Ort vorhanden sind, ein gewagter Wunsch. Die Antwort kam schriftlich: „Wir können alles dafür bereitstellen, nur nicht die Hütten. Wir haben damit keine Erfahrung." Mit dieser, so positiven Antwort hatte ich nicht gerechnet. Mein Herz lachte. Das mit den Hütten würden wir schon schaffen, mit all der Erfahrung im Team.

Doch mit einem Tag änderte sich alles: Die Krim gehörte zu Russland. Alles wurde auf Eis gelegt.

2018 war ich dann das letzte Mal auf der Krim. Hier hatte ich eine Begegnung mit einem wunderbaren Menschen. Es war ein Oligarch mit gutem Draht nach Moskau. Unser erstes Treffen fand in einer Hausbrauerei im Zentrum von Simferopol statt. Ich hatte meine Dolmetscherin dabei. Wir tranken das erste gemeinsame Bier. Und dann schnellte er mit einer wichtigen Frage heraus: „Was wollen Sie von mir?" Meine Antwort: „Kein Geld!" Das war der Beginn eines fast freundschaftlichen Miteinanders. Ich erklärte ihm voller Tatendrang meine Ideen von einem deutsch-russischen Weihnachtsmarkt. Meine Dolmetscherin machte mir viel Hoffnung: „Ich glaube, er mag dich." Er dachte zuerst, da kommt ein älterer Herr, der irgendwelche Geschäfte mit mir machen will. „Einen so verrückten, sympathischen Deutschen, den habe ich mir nicht vorgestellt. Über seine Ideen kann ich gut nachdenken", stellte er fest.

Zur Entspannung suchte ich die Möglichkeit zu saunieren. Die Lösung war märchenhaft. Ich wurde von dem Oligarchen eingeladen, es war abenteuerlich und paradiesisch zugleich, was ich hier erleben und wen ich kennenlernen durfte.

Der Besuch beim Oberbürgermeister beinhaltete auch eine besondere Note. Auch hier hatte der Oligarch seine Hände im Spiel. Den Termin bekam ich ohne Telefonat mit dem Sekretariat, ich durfte einfach einen Besuch im Rathaus abstatten. Auch meine Dolmetscherin war verwundert über diese Spontanität. Wir betraten das Rathaus und kamen schnell zum Oberbürgermeister. Eine Stunde erläuterte ich ihm die Idee vom deutsch-russischen Weihnachtsmarkt in Simferopol. Er war wirklich begeistert. An den Diskussionsteil schloss sich eine besondere Stadtrundfahrt mit ihm an und ein kulinarisch ausgezeichnetes, mehrstündiges Essen in einem der besten Restaurants Simferopols. Hier wurde in Momentaufnahmen die ereignisreiche Historie der Krim aufgezeigt. Das war aufgrund der politischen Ereignisse meine letzte Begegnung mit diesen besonderen Menschen.

Ob in Simferopol, der Partnerstadt von Heidelberg, Moskau oder einer anderen russischen Stadt, um welche Stadt es sich handeln würde, um welche Region im großen russischen Reich, wo man den Weihnachtsmarkt installiert, hing von einem Treffen mit hochkarätigen Politikern auf deutscher und russischer Seite im Februar 2018 in der russischen Hauptstadt ab, bei dem ich mein Konzept vorstellte.

Nach dem Millionendeal an der Oder in Schwedt, das ich im Nordosten der Uckermark besuchte, wurde meine Vision realistischer. Gerade hatte der Ölgigant Rosneft für die Weiterentwicklung der Raffinerie in Schwedt 400 Millionen Euro zugesagt, und Ministerpräsident Woidke besuchte aus diesen Gründen Moskau.

Wenn es nach mir ginge, wäre Simferopol, die Partnerstadt Heidelbergs, wo ich alljährlich seit 25 Jahren den Marktplatz mit zwei Glühweinständen bespiele und den Heidelberger Weihnachtsmarkt Glühwein ausschenke, die Stadt für den Start des ersten deutschen Weihnachtsmarkts in Russland.

Aber die Krim ist und bleibt ein heißes Thema. Und da die Krim zurzeit noch unter westlichen Sanktionen steht, sollte hier auch das Bundesaußenministerium mitsprechen.

Berlin – Moskau

So steuerte ich gezielt das Russische Haus an. Dabei handelt es sich um ein Kultur- und Veranstaltungszentrum an der Berliner Friedrichstraße. Es wurde am 5. Juli 1984 als Haus der Sowjetischen Wissenschaft und Kultur eröffnet. Es wurde mir bewusst, welche Kreise hier verkehren und welches Netzwerk in die Welt hinein von hieraus gesponnen wird. Das Russische Haus der Wissenschaft und Kultur in Berlin (RHWK) ist das größte im Ausland agierende Kulturinstitut weltweit mit Sitz im größten Gebäude, das für Zwecke der Vertretung von Kultur und Wissenschaft errichtet wurde. Nach meinen Recherchen und Gesprächen vor Ort: Die jährliche Zahl der RHWK-Besucher und Teilnehmer seiner Veranstaltungen und Programme beläuft sich auf fast 200.000 Menschen. Oftmals unerwartet tauchen hier prominente Politiker zu Begegnungen auf, wie der russische Außenminister Sergei Wiktorowitsch Lawrow. Beeindruckend sind der Thron aus dem Märchen „Die Schneekönigin", das Kino und der Theatersaal.

Immer wieder reiste ich nach Berlin, und der Weg führte mich ins Russische Haus, auch heute noch. Im Oktober 2018 wurden dort bei einer hochkarätig besetzten Veranstaltung, zu der ich eingeladen wurde, Akzente gesetzt. Etliche Kulturminister der verschiedenen Oblaste (Bundesländer) stellten ihre Tourismus-Marketing-Konzepte und die dazu gehörigen Video-Marketing-Clips vor. Am besten gefielen mir die Beiträge der Kulturminister von Sibirien und Kaliningrad. Aufgrund der Entfernung stellte Sibirien keine Option dar. So wuchs mein Interesse an einem ersten deutschen Weihnachtsmarkt in Kaliningrad.

Ich sprach mit Kulturminister Andrey Yermak, die Planungen begannen. Der Weg führte mich nun nach Kaliningrad. Dazu gehörten auch zwei Termine bei First Deputy Minister Sergej Kuznetsov im Kulturministerium Kaliningrad. Wir sprachen ausführlich und intensiv über das Projekt „Russisch-Deutscher Weihnachtsmarkt." Sergej Kuznetsov hatte sofort die Tragweite des Projektes für Kaliningrad erkannt und war begeistert von dem Konzept zum Weihnachtsmarkt. Er befürwortete die Realisierung. Weitere Gespräche sind nun geplant.

Ein ganz wichtiger Anlaufpunkt für mich ist das uckermärkische Kloster St. Georg in Götschendorf mit der wunderbaren Bruderschaft des Abts Daniil Irbits. Auch mit ihm kam ich ins Gespräch über die Umsetzung eines Weihnachtsmarktes in der russischen Föderation. Vor allem die Seebühne im Kloster lohnt sich zum kreativen Arbeiten, auch an diesem Buch. Für die Begegnung an diesem so historisch bedeutenden Ort bin ich sehr dankbar. Der Geist des Klosters fließt somit auch in dieses Buch ein. Götschendorf, ein Ort, an dem man Gott ein Stückchen näher ist. Unvergesslich sind die Gottesdienste und Veranstaltungen.

Über das Russisch-Orthodoxe Kloster gibt es die folgenden Informationen aus erster Hand. Das Gutsherrenhaus war seit dem 15. Jahrhundert im Besitz der Familie von Arnim. 1910 wurde ein neues Gutshaus errichtet. 1942 bis 1945 war es Jagd- und Gästehaus von Hermann Göring, bis 1975 Ferienhaus der Nationalen Volksarmee und danach im Besitz des Ministeriums der Staatssicherheit. Seit 1990 stand es leer, 2007 wurde ein Kloster eingerichtet.

Der Russland-Journalist Norbert Kuchinke stieß auf seiner Suche nach einem Standort für ein von ihm geplantes Russisch-Orthodoxes Kloster in der Nähe Berlins 2006 auf das Gelände. Nach anfänglichem Zögern der einheimischen Verantwortlichen halfen schließlich Kontakte in die Potsdamer Staatskanzlei und die Fürsprache von Pfarrer Horst Kasner aus Templin bei der Verwirklichung des Projekts. Er war der Vater von Bundeskanzlerin Angela Merkel.

Das Gelände wurde für einen symbolischen Euro gekauft mit der Auflage, mindestens vier Millionen Euro in den nächsten zehn Jahren in den Ausbau des Geländes zu investieren. Das Ziel wurde nach Aussagen von Abt Daniil 2017 schon erreicht. Ein persönliches Gespräch Norbert Kuchinkes mit Präsident Putin brachte einen Teil der benötigten finanziellen Unterstützung. 2007 wurde das Kloster auf Beschluss der Obersten Synode der Russisch-Orthodoxen Kirche offiziell gegründet.

Im Zuge der Um- und Neubauarbeiten wurde eine Kirche im nordrussischen Stil errichtet. 2011 zogen die ersten Mönche ein. 2013 wurde ein Kreuz auf der Kuppel durch Erzbischof Feofan geweiht. Zu dieser Zeit lebten fünf Mönche im Kloster.

2015 wurde in einem feierlichen Gottesdienst ein Kreuz zum Gedenken an das Kriegsende vor 70 Jahren geweiht. An dem Gottesdienst beteiligt war Erzbischof Feofan, Bischof der Berliner Diözese der Russischen Orthodoxen Kirche und Oberhaupt der Russisch-Orthodoxen Kirche in Deutschland. Ein weiterer hoher geistlicher Vertreter war Erzbischof Alexander, Oberhaupt der Russisch-Orthodoxen Kirche von Baku und Aserbaidschan. Weltenluft brachte der Schöpfer des Kreuzes, Sergei Isakov, mit. An seinem Heimatort Rostow am Don hatte er das Kreuz gegossen, das dann nach Götschendorf transportiert und aufgestellt wurde. Das Mitglied der Russischen Akademie der Künste hat rund 60 Denkmäler entwickelt, die unter anderem in Moskau, Kaliningrad, Altea (Spanien), Minsk (Weißrussland) und Badenweiler zu sehen sind. Besonders beeindruckend ist die Bronzestatue des „Heiligen Nikolaus" im Franz-Josef-Land 2007, die auch Staatspräsident Wladimir Putin besucht hat.

Das Franz-Josef-Land ist eine Inselgruppe im Nordpolarmeer und gehört zu Russland. Benannt wurde es nach Österreich-Ungarns Monarchen Franz Joseph I. Die Zufahrt ist nur wenige Sommerwochen (und nicht in jedem Jahr) eisfrei und für Besucher praktisch nur auf einer der sporadisch durchgeführten Eisbrecher-Kreuzfahrten möglich. Landexpeditionen sind in der Regel nicht erlaubt. Isakovs Werke sind in Museen Belgiens, Italiens, Griechenlands, Frankreichs sowie in privaten Sammlungen Putins, der russischen Patriarchen Alexius II und Kyrill, des Patriarchen von Jerusalem Fiofila III und des Patriarchen Georgiens Ilia zu finden. Vor zehn Jahren erhielt Isakov die Goldmedaille der Russischen Akademie der Künste.

Unter den Gästen war auch der ehemalige Botschafter in Minsk, Horst Winkelmann. Nach seiner Tätigkeit im Bundesministerium für innerdeutsche Beziehungen wechselte er in das Auswärtige Amt. Beziehungen nach Moskau knüpfte er als Stipendiat der Deutschen Forschungsgemeinschaft an der Lomonossow-Universität. 1987 bis 1992 war er Gesandter in der Botschaft in Moskau. 1992 bis 1995 war er Botschafter in Äthiopien und Eritrea, 1998 bis 2001 in Belarus (Weißrussland). Nachdem Winkelmann am 26. Mai 1998 seinen Akkreditierungsbrief bei der Regierung von Aljaksandr Lukaschenko in Minsk vorgelegt hatte, verließ er Ende Juni 1998 zusammen mit weiteren Botschaftern Weißrussland, nachdem begonnen wurde, ihre Residenzen in der Waldsiedlung Drozdy nahe Minsk, in der auch Präsident Lukaschenko lebte, unangekündigt zu sanieren und von Energie- und Wasserversorgung zu trennen. Das berichtete die BBC 1998. Winkelmann ist auch in Brandenburg gut vernetzt. Als Präsident des Welterbekomitees schaltete er sich 1996 in den Bau des einst umstrittenen Potsdam-Centers ein. Laut Focus beschäftigte sich damit sogar der damalige Bundeskanzler Helmut Kohl (CDU). In diesem „Potsdamer Kulturkampf" wurde von Bundesbauminister Klaus Töpfer (CDU) und Ministerpräsident Manfred Stolpe (SPD) ein Kompromiss verlangt.

Mit Freude sah nun Winkelmann im Ruhestand, wie in der beschaulichen Ucker- mark ein kulturelles und religiöses Zentrum wuchs, verbunden mit Moskau, das er kennen und schätzen gelernt hatte. So schätzte er auch das Werk von Norbert Kuchinke. Denn die Geschichte des Klosters ist eng verbunden mit Kuchinke, dem ersten Korrespondenten von „Spiegel" und „Stern" in Moskau. 1983 begann die- ser sich als freier Journalist mit der Russisch-Orthodoxen Kirche zu beschäftigen. Ikonen und Musik begeisterten den am 5. Mai 1940 in Schwarzwaldau geborenen Schlesier.

Kuchinke als Katholik und Top-Journalist mit Affinität zur Russisch-Orthodoxen Kirche und zur Weltpolitik: Das passte. Mit Götschendorf wurde für ihn ein Traum wahr. Die Berliner Diözese der Russischen Orthodoxen Kirche des Patriarchats Moskau erwarb das einstige Herrenhaus Görings auf einem vier Hektar fassenden Gelände für einen Euro mit der Verpflichtung, dass in den nächsten 15 Jahren vier Millionen Euro in das Grundstück investiert werden sollten. Insgesamt rechnete die Diözese mit sechs bis sieben Millionen Euro. Norbert Kuchinke fand wichti- ge Partner und warb in der ganzen Welt um Spenden. Vor Ort unterstützte ihn von der Evangelischen Kirche Pfarrer Horst Kasner, der Vater von Bundeskanzlerin Angela Merkel, ein gutes Pendant zum Katholiken Kuchinke. Kasners Blicke wan- derten gerne nach Osten. Seine Wurzeln väterlicherseits liegen in Posen. Zudem hatte Kasner Weltluft geschnuppert: zuerst beim Studium an der renommierten Ruprecht-Karls-Universität in Heidelberg, weiter an der Kirchlichen Hochschule Bethel und schließlich an die Hamburger Uni. Einige Wochen nach der Geburt von Angela nahm er in der damaligen DDR eine Pfarrstelle bei Perleberg an, bevor er 1957 in die heutige Uckermark kam.

Norbert Kuchinke zur Seite stand ebenso Aribert Großkopf. Er war von 1990 bis 1998 Abteilungsleiter in der Potsdamer Staatskanzlei unter Manfred Stolpe. Mit ihren Familien teilten sich Großkopf und Kuchinke ein Wochenendhaus direkt neben dem Klostergelände. Kulturinteressiert und weltmännisch tritt Großkopf auf. Mit Wolfgang Huber hat er Kontakte, seine Frau hat in Heidelberg studiert, wo Huber lehrte. Mit dem Tod von Norbert Kuchinke im Dezember 2013 ist es nicht leichter geworden, aber alle halten die Treue und hoffen gemeinsam mit Abt Daniil, dass es weiter geht.

Das Kreuz, das mit Unterstützung der Kristall GmbH, der Gesellschaft „Anbetungskreuz" und dem russischen Botschafter Wladimir Michailowitsch Grinin realisiert werden konnte, ist ein weiterer Meilenstein. Wie der Abt mitteilt, ist einer der wichtigsten Sponsoren die Wneschekonombank. Die Aktivitäten der Bank erstrecken sich im Wesentlichen auf die Verwaltung der Auslandsschulden der Russischen Föderation sowie der Mittel der staatlichen russischen Rentenversicherungsanstalt. Darüber hinaus fördert die Wneschekonombank die internationale Wettbewerbsfähigkeit der russischen Wirtschaft unter anderem durch Exportrisikoversicherungen. Die Wneschekonombank ist damit das russische Pendant zur deutschen Kreditanstalt für Wiederaufbau (KfW) oder der Schweizerischen Exportrisikoversicherung (SERV). Zu diesem Zweck führt die Wneschekonombank weltweit neun Foreign Branch Offices: In Deutschland, in der Schweiz, Frankreich, Italien, Großbritannien, in den USA, China, Indien und Südafrika. Die Linie führt auch hier wieder zum russischen Präsidenten Wladimir Putin, denn er ist Aufsichtsratsvorsitzender der Wneschekonombank. „Die Bauausführungen liegen in den Händen von uckermärkischen Firmen. Hier vor Ort werden Arbeitsplätze geschaffen", erklärt Bruder Daniil.

Und mit einem weiteren Sponsor geht es nun an das Herrenhaus. Dazu haben sich das Unternehmen Rosneft und der ehemalige Bundeskanzler Gerhard Schröder direkt eingeschaltet. Rosneft finanziert die Endarbeiten in der Kirche und den Ausbau des Herrenhauses. Hier liefen die Kontakte über den Ex-Bundeskanzler.

Durch den Ausbau des Herrenhauses soll ein Hotel mit angegliederter Bibliothek entstehen, in der die von Norbert Kuchinke gesammelten Bücher gelagert werden sollen. Dazu soll ein Bruderhaus für die Mönche kommen. Insgesamt sechs Millionen Euro werden von Rosneft zur Verfügung gestellt. In vier Jahren sollen nach derzeitiger Information die Arbeiten erledigt sein.

Dann erstrahlen Kloster und Herrenhaus in neuem, wunderbarem Glanz.

Traurige Stunden in der Weihnachtsmarktgeschichte

Wer hätte gedacht, dass der Terror das Geschehen auf den Weihnachtsmärkten Deutschlands überziehen kann. Am Abend des 19. Dezember 2016 war ich zwischen meinen Hütten unterwegs. Wir alle waren in der Vorfreude auf das Ende des Weihnachtsmarktes. Ich sprach mit meiner Kollegin vom Bratwurststand, und sie sagte: „In drei Tagen haben wir es geschafft." Alle Marktbeschicker sind dann wirklich nach fast vier Wochen kräftemäßig am Ende. Ich war noch nicht mal bei meiner Hütte, als es einen lauten Knall in der Altstadt gab, und zwar in der Höhe des Hotels „Ritter". Alle blieben vor Schreck stehen. Ich fühlte eine Welle der Angst über den Marktplatz rollen. Es ging drei bis vier Sekunden. Das hatte ich in 25 Jahren Heidelberger Weihnachtsmarkt noch nicht erlebt. Irgendjemand hatte einen großen Feuerwerkskörper gezündet. Ich betrat meine Hütte und schaute dort auf mein Smartphone. In diesem Moment lief über den Liveticker die Info: Terroranschlag auf dem Breitscheidplatz in Berlin. Fassungslos sagte ich zu meinen Gästen: „Es ist etwas Schreckliches in Berlin passiert." Ich lief zu meiner Kollegin am Bratwurststand zurück und sagte: Es hat wirklich einen Anschlag auf einen Weihnachtsmarkt in Berlin gegeben." Auch sie war fassungslos. Wie ein Buschbrand breitete sich diese Info bei allen Kollegen und den Menschen auf dem Markt aus. Ich sprach mit meinen Gästen vor der Hütte. In dem Moment spürte ich: Es muss sofort etwas unternommen werden. Ich ging wieder zurück zu meiner Kollegin vom Bratwurststand. Auch sie pflichtete mir bei und sagte: „Da muss etwas passieren, ich bin dabei und unterstütze dich." Etwa eine Stunde später schloss der Weihnachtsmarkt. Alle Marktbeschicker gingen traurig nach Hause. Dort verfolgte ich über alle Kanäle die Entwicklung zum Anschlag in Berlin.

Hier die Hintergrundinfos laut Medienberichten: Bei dem Anschlag in Berlin steuerte der islamistische Terrorist Anis Amri am 19. Dezember 2016 gegen 20 Uhr einen Sattelzug in eine Menschenmenge auf dem Weihnachtsmarkt an der Kaiser-Wilhelm-Gedächtniskirche, der auf dem Breitscheidplatz im Berliner Stadtteil Charlottenburg stattfand. Zuvor hatte er den polnischen Fahrer des Sattelzugs erschossen und das Fahrzeug geraubt. Später lernte ich in Polen Bekannte von Łukasz U., dem Fahrer des Fahrzeugs aus Polen kennen und fand noch mehr Bezug zu dem Geschehen. Durch die Kollision mit dem Lkw starben elf Besucher des Weihnachtsmarktes und weitere 55 Besucher wurden verletzt. Das zwölfte Todesopfer war der Speditionsfahrer des Lkw.

Mir kam folgende Idee: Ich wollte eine Spendenaktion starten, zuerst über alle 140 Marktbeschicker in Heidelberg, dann sich ausbreitend über alle Weihnachtsmärkte in Deutschland. Es blieb wenig Zeit, nur drei Tage. Noch in dieser Nacht schrieb ich dem Marktmeister eine SMS: „Ich ziehe das morgen durch." Ich signalisierte ihm: „Das wird nun auch für dich noch mehr Arbeit, ich hoffe auf dein Verständnis. Wir müssen handeln."

Der erste, der am nächsten Tag sofort die Situation erkannte, war Oberbürgermeister Prof. Dr. Eckart Würzner. Ebenso nahm ich am nächsten Tag Kontakt auf zur Senatskanzlei des Regierenden Bürgermeisters von Berlin, Michael Müller, und schilderte meine Idee. Ich wollte größtmögliche Spenden für die Opfer und ihre Hinterbliebenen erzielen. Die Senatskanzlei aus Berlin meldete sich und unterstützte meine Idee.

So kontaktierte ich auch das Büro von Oberbürgermeister Peter Feldmann in Frankfurt (Main), wo ich privat lebe. Ferner kam mir die Idee, Dr. Josef Schuster vom Zentralrat der Juden und Aiman Mazyek vom Zentralrat der Muslime in Deutschland zu kontaktieren.

Ich machte den Startschuss und spendete am Folgetag den gesamten Erlös meiner beiden Hütten. Der folgende Montag hat sich auch tief in mein Herz eingebrannt. Viele Heidelberger strömten auf den Weihnachtsmarkt. Ich hörte immer wieder an diesem Tag: „Jetzt erst recht." Ich war begeistert und stolz auf unsere Gäste.

Am letzten Tag des Heidelberger Weihnachtsmarkt hat unser Marktmeister, dem ein großer Dank gebührt, einen Brief aufgesetzt, den alle Marktbeschicker bekamen. Der Inhalt: die Bitte um eine Spende für die Opfer und ihre Angehörigen des Terrors in Berlin, mit dem Hinweis, dass das Geld am Abend eingesammelt wird. Zwei Mitarbeiterinnen des Marktmeisters und Mike, the Mechanic, aus meinem Mitarbeiterstab machten sich am Abend auf den Weg zu den Hütten, Ständen und Fahrgeschäften. Währenddessen bekam ich die Information von der Rhein-Neckar-Zeitung, dass Chefreporter Dr. Micha Hörnle einen Artikel zur Benefizaktion schreiben würde. Er brachte einen Fotografen mit. Ein schöner Artikel erschien in der Gazette.

Ich hatte inzwischen schon einen Namen für die Aktion, den alle als gut empfanden: HEIDELBERG TRAUERT UND HILFT.

Die große Frage aus allen beteiligten Städten war: Wie wird das Geld verwaltet, und wohin fließt es?

Aus diesem Grund suchte ich wieder mal den Kontakt zur Altstadtgemeinde Heiliggeist-Providenz. Da wurde mir sofort geholfen. Man verwies mich an die Fundraisingabteilung der Diakonie Baden. Volker Erbacher richtete für das Projekt das Konto „Heidelberg trauert und hilft" ein.

Insgesamt kamen 10.000 Euro zusammen.

Aufgrund der Aktivitäten zum Projekt „Deutsch-Russischer Weihnachtsmarkt" nutzte ich meine Berliner Kontakte und bekam schnell einen Termin. In der Senatskanzlei wurde mir signalisiert, dass ein Mitarbeiter der Senatskanzlei den Scheck in Heidelberg abholen würde.

Mehrere Wochen vergingen.

Volker Erbacher übernahm nun die Kommunikation mit Berlin.

Eines Tages meldete sich die Sprecherin der Berliner Senats, Claudia Sünder, bei Volker Erbacher. Die Spendenübergabe reifte heran. Zwei Monate später war es dann so weit: Aus den Händen von Oberbürgermeister Prof. Dr. Eckart Würzner, Mathias Schiemer von HD Marketing und mir (stellvertretend für die Weihnachtsmarkthändler) erhielt die Sprecherin des Berliner Senats den Scheck.

Im Nachhinein hatte ich natürlich ein weiteres besonderes Verhältnis zur Gedächtniskirche, mit Bezug zu Russland. Die Stalingradmadonna, die ich in der Kirche entdeckte, ist ein Bild des deutschen Lazarettarztes Kurt Reuber (1906–1944), das zu Weihnachten 1942 in Stalingrad (heute Wolgograd) entstand. Es gelangte während der Schlacht von Stalingrad mit einem der letzten Transportflugzeuge aus dem Kessel. Zum Gedenken an die Opfer in Stalingrad und als Mahnung zum Frieden befindet sich das Bild seit 1983 in der Berliner Kaiser-Wilhelm-Gedächtniskirche. Für mich ist es ein Zeichen der Versöhnung, des Friedens, ethische Werte, die mich immer begleiten.

SocialNetworks

Anekdoten zu unseren nationalen und internationalen Stammgästen

Die Schweizer kommen

Zu meinen Lieblingsgästen zählen unbedingt die Schweizer! Seit Jahren kommen Schweizer Reisegruppen gezielt an meinen Stand, und das kam so: Die erste Schweizer Reisegruppe begrüßte ich herzlich, und sehr nette Gespräche entstanden. Die Gruppe war sehr angetan von der Qualität des Glühweins (und den für Schweizer günstigen Preis) und versprach im nächsten Jahr wiederzukommen. Kurz bevor sie zu ihrem Bus zurückging, gab ich eine Runde Glühwein aus und bat sie, bei ihrem Besuch im nächsten Jahr „Schweizer Schokolade" für uns mitzubringen. Und tatsächlich erkannte ich einige Schweizer im nächsten Jahr wieder. Und das Beste: Sie brachten Schweizer Schokolade mit! Sie erzählten Freunden von meinem Stand, und so kam es, dass ca. vier Jahre lang Schweizer Individualtouristen und die eine oder andere Reisegruppe gezielt auf dem Marktplatz nach Herrn Schneider und dem Heidelberger Weihnachtsmarkt Glühwein fragten. Zum Teil meldeten sie sich per SMS vorher an, und so konnte ich rechtzeitig die Schweizer Flagge auf meinem Stand hissen! Das schönste Erlebnis: Einmal kam eine Truppe Schweizer Sänger mit Kuhglocken zu mir, die dann spontan ein Ständchen brachte, jodelte und den ganzen Marktplatz in Stimmung brachte! Solche Kunden hat man gerne! Nun ist auch in der Schweiz der Heidelberger Weihnachtsmarkt Glühwein kein Unbekannter mehr.

Konferenz auf dem Marktplatz

Einer meiner Mitarbeiter war ein großer Fan der Frankfurter Eintracht und immer sehr nervös, wenn er die Spiele am Samstagnachmittag nicht live im Stadion verfolgen konnte. Also ließ er die Berichterstattung übers Radio laufen – über die Boxen. Das sprach sich rum, und als Nicht-Fußball-Fan war ich zunächst sehr überrascht, was sich da abspielte: absolute Stille anstelle eines lauten Hallo bei so vielen Gästen, die um die Hütte standen und der Abschluss-Konferenz lauschten. Dann wurde heiß diskutiert. In den nächsten Jahren kamen immer wieder Fußballfans in ihren Club-Trikots zum Glühweintrinken, während die Frauen die Zeit zum Einkaufen nutzten. Auch einige Rhein Neckar Löwen / Handball sind mittlerweile Stammgäste von uns.

Hochzeit auf dem Marktplatz

Trau dich. Die Idee kam mir, als ich immer mittwochs und samstags Brautpaare aus dem Rathaus gehen sah. Mal wurden sie mit Reis bestreut, mal mit Blumen. Sehr erwähnenswert: Es wurde ein großer Schneeberg am Herkulesbrunnen gebaut, den ein Brautpaar dann mit einem Schlitten befahren musste. Fotos wurden gemacht, und dann war die Gesellschaft verschwunden.

Warum nicht nach der Trauung an zwei bis drei schön dekorierten Stehtischen (natürlich mit Hussen) den einen oder anderen Becher Hochzeitsglühwein mitten auf dem Marktplatzes zu sich nehmen und natürlich auch der Mittelpunkt des Marktplatzgeschehens sein?

Mundpropaganda, Flyer und das Social Networking brachten schon im ersten Jahr zwei Hochzeiten zu mir: einmal 17 Personen, einmal 20 Personen. Die Tische waren hübsch dekoriert, Knabbergebäck als Gruß aus der Glühweinhütte und Servietten waren eingedeckt. Es konnte losgehen. Natürlich bedienten wir unsere Gäste persönlich. Es ist auch heute bei Gruppen noch so, dass ein Mitarbeiter mit Glühwein auf dem Tablett die Gäste vor der Hütte bedient. Im Schnitt haben wir zwei bis drei Hochzeiten pro Weihnachtsmarkt.

Ein denkwürdiges Erlebnis noch: Ein Bräutigam kam vor der Trauung zu uns, informierte sich, ob alles vorbereitet sei und bat um einen Schluck Glühwein. Anscheinend die Aufregung oder das Wissen, was da auf ihn zukommen würde, ließ ihn den Glühwein auf sein Hemd verschütten. Wow, man konnte es nicht verstecken. Seine Nervosität stieg noch mehr. Da wir ein Dienstleistungsunternehmen sind, organisierte ich ihm ein neues Hemd im nicht weit entfernten Kaufhof. Nach 30 Minuten hatte er ein neues Hemd und sah sehr zufrieden aus. Einen neuen Glühwein bot ich ihm erst wieder nach der Trauung an.

Der Banker

Früher, Mitte / Ende der 1990er Jahre gab es eine Bankfiliale am Kornmarkt. Der Filialleiter kam gerne nach Feierabend an unseren Stand, und wir hatten immer schöne Gespräche. Einmal bat er mich um meine Telefonnummer und fragte, ob ich am nächsten Tag in der Filiale Glühwein servieren könnte. Es gäbe ein kleines Meeting mit Kollegen. Klar, es war mir eine Freude, als am nächsten Tag mein Telefon klingelte und eine Bestellung über etliche Becher Glühwein kam. Mit einem Tablett voll frisch und heiß gezapftem Glühwein lief ich in die Bankfiliale und war erstaunt, als man mir die Tür öffnete und ich im Allerheiligsten stand, dem Geldraum. Ich servierte den Herrschaften den Glühwein, verabschiedete mich und merkte, soviel echtes Geld hatte ich vorher noch nie gesehen.

Freundliche Übernahme der Glühweinhütte oder:
Die Glühweinhütte wird besetzt
Zwei sehr sympathische Unternehmerjungs (mittelständisches Unternehmen) waren schon zu Café do Brasil-Zeiten meine Gäste. Ihnen gefielen nicht nur meine Caipirinhas, sondern auch die hübschen Brasilianerinnen, die als Gäste oft ins Café do Brasil kamen. Als es mit dem Weihnachtsmarkt losging, freute ich mich sehr, dass ich die beiden auch hier als Gäste begrüßen durfte. Es sei verraten, dass sie bis heute meine treuen Gäste geblieben sind – wie viele andere wunderbare Gäste auch. Sie alle aufzuzählen würde den Rahmen sprengen.

Zurück zu meinen Unternehmerjungs. Sie kamen zwei- bis dreimal während eines Weihnachtsmarktes zu Besuch. Und von Jahr zu Jahr wurde ihr Wunsch lauter, einmal selbst einen Tag in der Hütte zu verbringen und Glühwein zu verkaufen. Anfangs dachte ich, sie machen Spaß. Aber dann merkte ich, sie meinten es wirklich ernst, und ich kann ihnen damit einen kleinen Traum erfüllen. Ich sagte zu, und die Planungen begannen schon Wochen vor dem Weihnachtsmarkt. Ich bekam eine Mail von ihnen mit Datum, es passte. Der Tag kam. Um 15 Uhr erschienen die beiden, dabei hatten sie einen Freund und sagten mir, sie können nicht so gut rechnen, der Apotheker, so nannten sie ihn, könne das viel besser. Nun gut, ich dachte, alles wird gut und besuchte für ein paar Stunden mein Sofa. Als ich am frühen Abend zurückkam, traute ich meinen Augen nicht. Unzählige Menschen standen um die Hütte herum und hatten offensichtlich viel Spaß. Wie ich später erfuhr, hatte der Apotheker viele seiner Heidelberger Kollegen eingeladen, auf einen Besuch vorbeizukommen. Viele Heidelberger Apotheker standen an der Hütte, lachten und tranken Glühwein. Viele von ihnen sind heute noch meine Gäste. Um 22 Uhr schloss die Hütte, die drei Jungs – nicht mehr ganz standfest, aber voller Energie – übergaben an mich. Ich war total überrascht, die Kasse war schon lange nicht mehr so voll gewesen. Coole Jungs. Im Jahr darauf haben wir es noch einmal wiederholt, auch diesmal mit Erfolg.

Auch für mich ging ein Traum in Erfüllung: Gäste, die ohne Bezahlung arbeiten, viele andere Gäste mitbringen, eine volle Kasse hinterlassen. Sehr gerne jeden Tag. Danke nochmals an die drei tollen Glühweinverkäufer!

Dankeschön

Resümee

Nun sind wir am Ende des Buches angelangt. Auch in diesem Jahr wird es einen Weihnachtsmarkt geben. Die Augen der Kinder werden zu leuchten beginnen. Die Erwachsenen werden sich von der tollen Atmosphäre unter dem Schloss inspirieren lassen. Viele werden auch an meine Attraktion kommen und zwischen den unterschiedlichen Angeboten des Original Heidelberger Weihnachtsmarkt Glühweins wählen.

Durch dieses Buch hatte ich die Möglichkeit, mein Leben vor meinem geistigen Auge vorüberziehen zu lassen.

Spritzig, mit viel Humor waren die Begegnungen mit vielen Promis. Ich glaube es kaum, wie vielen ich in unterschiedlichen Ländern und zu unterschiedlichen Anlässen begegnen durfte.

Jetzt schaue ich voraus. Ich bin froh, die neue Attraktion, das Heidelberger Glühwein Schloss, auf dem Weihnachtsmarkt mit meinem Team präsentieren zu dürfen. Ich freue mich auf viele weitere Begegnungen in den nächsten Jahren.

Ich sage Dankeschön den unzähligen Menschen, die in meinem Leben eine positive Rolle gespielt haben. Es werden weitere dazu kommen. Nach Einführung der neuen Attraktion geht mein Blick erst einmal nach Osten. Die Kooperation mit polnischen Freunden wurde mit dem Bau der Attraktion ausgebaut. Nun schaue ich, wie ich die große Idee eines ersten deutschen Weihnachtsmarkts in Russland verwirklichen kann - auch hier wieder in der Freiheit, die mir mein Job in Deutschland lässt. Es wird viele Reisen geben, wieder mit vielen positiven Impulsen für mein Leben.

Während ich das schreibe, sitze ich in Götschendorf auf der Seebühne. Ich schaue auf den Kolpinsee und denke daran, was im Zeichen des Friedens und der Versöhnung, im Miteinander von Ukrainern und Russen, realisiert werden konnte. Genau darin sehe ich den Sinn meines Engagements, meines Lebens: Frieden stiften, Gerechtigkeit walten lassen. In diesem Sinne kann es weitergehen.

Zum Schluss betone ich es noch einmal: Dankeschön!

Das Heidelberger Glühwein Schloss

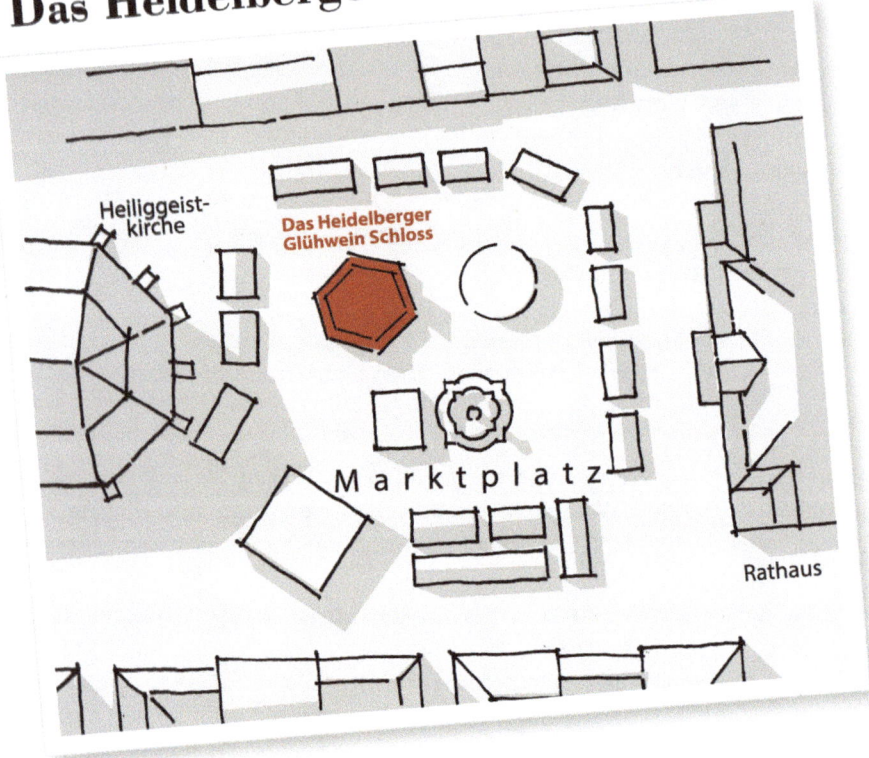

Original Heidelberger Weihnachtsmarkt Glühwein
Winzerglühwein

Der rote Klassiker

Der besondere Weiße

Der fruchtig-spritzige Pink

25 Jahre auf dem Weihnachtsmarkt

FSC
www.fsc.org
MIX
Papier | Fördert
gute Waldnutzung
FSC® C083411

Zeitfracht Medien GmbH
Ferdinand-Jühlke-Straße 7
99095 Erfurt, Deutschland
produktsicherheit@kolibri360.de